Martina Malsbender

Relax on Demand

Gelassenheit und Sicherheit
– jederzeit auf Abruf –

Übungs-Handbuch zu:

- Entspannungstrainings
- Achtsamkeitsübungen
- Stabilisierung und Phantasiereisen

+ NLP-Techniken

+ die Wunderfrage

+ kostenlose Audiodateien

© Martina Malsbender, Düsseldorf 2018

Umschlaggestaltung, Grafiken, Tabellen: Martina Malsbender, Düsseldorf
Coverbild: Tabeajaichhalt/pixabay.com

Verlag und Druck: tredition GmbH, Halenreie 40-44, 22359 Hamburg

ISBN-Nummern: 978-3-7469-4424-1 (Hardcover)
                  978-3-7469-4426-5 (Paperback)
                  978-3-7469-3736-6 (e-book)

Bibliografische Information der Deutschen Nationalbibliothek:
Die Deutsche Nationalbibliothek verzeichnet diese Publikation in der Deutschen Nationalbibliografie; detaillierte bibliografische Daten sind im Internet über http://dnb.d-nb.de abrufbar.

Im Gegensatz zu vielen anderen Büchern, ist dies keines, das zu Werbezwecken oder anderen verkaufsfördernden Maßnahmen geschrieben wurde.

Es dient ausschließlich dazu, dass Sie Entspannungsverfahren, Stabilisierungstechniken und Phantasiereisen auf einfache und sichere Weise selbständig erlernen und regelmäßig anwenden. Nach Durchführung des jeweiligen Entspannungstrainings können Sie den Entspannungszustand im Alltag innerhalb von Sekunden auf Abruf wiederherstellen. So sind Sie auch im Alltag bei auftretenden Stresssituationen stets gut gewappnet.

Inhaltsverzeichnis

1. Über dieses Buch

Das vorliegende Buch ist ein Übungs-Handbuch mit ausführlichen Anleitungen zu Entspannungstrainings, Achtsamkeitsübungen und Phantasiereisen. Der Schwerpunkt liegt vor allem auf der praktischen Durchführung und den nachhaltigen Transfer in den Familien- und Berufsalltag. Die Informationen zum theoretischen Hintergrund sind bewusst kurz gefasst.

Die Anleitungen ermöglichen einen selbständigen Einstieg in die verschiedenen Trainings und erleichtern das regelmäßige Üben. Sie sind gleichermaßen für Anfänger und Fortgeschrittene geeignet.

Zusätzlich sind NLP-Techniken und die Wunderfrage aus der lösungsorientierten Kurzzeittherapie in die Trainings eingearbeitet; es handelt sich somit um modifizierte und erweiterte Anleitungen. Sie bieten einen zusätzlichen Nutzen, insbesondere bei der Integration in den Alltag und dem sofortigen Abrufen des Entspannungseffektes in Stresssituationen.

Die Arbeitsblätter im Anhang dienen dazu, die erzielten Fortschritte zu überprüfen sowie die positiven Veränderungen nachzuhalten. Der Fragebogen zum Entspannungstyp hilft bei der Entscheidung, welches Entspannungstraining am besten für den Einstieg geeignet ist und der Stresstest zeigt das aktuelle Stressniveau.

Es gibt kurze Übungseinheiten von wenigen Minuten und von 10 Minuten bis hin zu langen Entspannungssequenzen von 30 Minuten Dauer. Diese können individuell in den heutzutage doch recht schnelllebigen Arbeits- und Familienalltag eingeplant und regelmäßig durchgeführt werden.

> **!** **Wichtiger Hinweis:**
> *Die hier aufgeführten Entspannungs- und Achtsamkeitstrainings sowie die Stabilisierungs- und Imaginationsverfahren dienen der Prävention und Gesundheitsförderung und ersetzen keine ärztliche und/oder psychotherapeutische Behandlung!*

1.1 Informationen zur Autorin

Die Autorin ist Diplom-Psychologin, Beraterin nach ILP® (Integrierte lösungsorientierte Psychologie), zertifizierte Entspannungstrainerin und Hypnosecoach. Sie bietet zu den in diesem Buch vorgestellten Entspannungstrainings und Phantasiereisen kostenlose Audiodateien für PC, Laptop, Tablet und Smartphone auf ihrer Webseite www.relax-on-demand.de an.

1.2 Warum dieses Buch für Sie interessant sein könnte

Ich stelle Ihnen acht Fragen, Sie antworten spontan:

Mehr als ein „Ja" und dieses Buch ist für Sie geschrieben – für Ihr entspanntes Leben voller Ausgeglichenheit. Hier die Fragen:

● Fühlen Sie sich des Öfteren gestresst, gehetzt, unter Druck?
● Leiden Sie unter Verspannungen, Kopfschmerzen, Rückenschmerzen?
● Haben Sie Schlafstörungen?
● Bemerken Sie bei sich Konzentrationsschwierigkeiten?
● Wünschen Sie sich mehr Gelassenheit, mehr Sicherheit?
● Benötigen Sie ein Entspannungsverfahren, das Ihnen zu jeder Zeit und an jedem Ort zur Verfügung steht?
● Brauchen Sie eine Methode, mit der Sie einen entspannten Zustand sofort abrufen beziehungsweise (wieder)herstellen können?
● Wünschen Sie sich eine kostengünstigere Methode im Vergleich zu einem Kurs?

Laut einer aktuellen Studie der Techniker Krankenkasse[1] leidet mehr als die Hälfte (!) der Bevölkerung unter Stress und Anspannung, und das dauerhaft. Die daraus folgenden Erkrankungen haben weitreichende Konsequenzen für das Berufs-, Familien- und Freizeitleben. Das muss nicht sein!

Gewinnen Sie mit diesem Übungs-Handbuch Anleitungen zur Selbsthilfe und erlangen Sie Ihr Gleichgewicht wieder zurück. Unterschiedliche Entspannungsmethoden ermöglichen Ihnen, kurze Auszeiten in Ihren Alltag einzubauen und das Gefühl von Sicherheit und Gelassenheit wiederzugewinnen.

Nehmen Sie Ihr Schicksal in die Hand und gestalten Sie Ihr Leben entspannt – jederzeit, an jedem Ort und auf Abruf in Sekundenschnelle.

---

[1] „Entspann Dich Deutschland" – TK-Stressstudie 2016

1.3 So nutzen Sie dieses Buch

Die folgenden Symbole erleichtern Ihnen die Orientierung in diesem Buch:

> **Vorbereitungen**
> Zu Beginn einer jeden Übungs-Anleitung sind an dieser Stelle die Vorbereitungen, die Dauer und eventuelle Hilfsmittel aufgelistet.

! Die Merkkästen enthalten
- **wichtige Hinweise**
- **Definitionen**
- und **Tipps**.

2. Warum dieses Buch?

Vor ein paar Jahren fragte mich eine meiner Klientinnen: „Gibt es eigentlich ein Buch zu Entspannungstrainings von Ihnen? Und eine Aufnahme mit Ihrer Stimme? Die hat so etwas Beruhigendes. Das ist schon fast magisch, wie gut ich mich entspannen kann, wenn ich Ihre Stimme höre, und die zusätzlichen Tricks, die Sie in die Trainings einbauen, sind einfach klasse. Und es wäre toll, sie immer dabei zu haben, am besten für mein Tablet oder Handy. Ich bin beruflich viel unterwegs und für mich wäre das einfach genial."

Das war der Anstoß für einige Überlegungen zu einem Buch zum Thema Entspannung mit dem Fokus auf die praktische Anwendung sowie den Transfer in den Alltag.

Folgende Inhalte hatte ich mir zunächst überlegt:

- es sollte ein kompaktes, kurzes Übungs-Handbuch mit einfachen Anleitungen sein, die leicht anwendbar und aufeinander aufbauend sind;
- die Übungen sollten von einer Kurzentspannung bis hin zu langen Entspannungssequenzen reichen;
- die Anwender/innen dieses Buches sollten von meiner jahrelangen Praxiserfahrung und den Rückmeldungen der Teilnehmer/innen meiner Entspannungskurse profitieren;
- die Übungen sollten sowohl für aktiv orientierte Trainierende als auch für Menschen, die gerne in Ruheposition entspannen wollen, geeignet sein;
- und schließlich sollten die Trainings von dauerhaftem Erfolg gekrönt sein, das heißt leicht zugänglich und in den Alltag integriert werden können;
- zusätzlich wollte ich mein Wissen und meine Erfahrungen aus dem lösungsorientierten Coaching und einigen NLP-Techniken einbringen, die das Entspannungstraining verstärken und den Entspannungszustand im Alltag leicht und sofort abrufbar machen.

Das Ergebnis ist das Ihnen hier vorliegende Übungs-Handbuch mit Stresstest, Fragebogen zum Entspannungstyp sowie Übungsprotokollen zur Überprüfung der Nachhaltigkeit des Entspannungseffektes, die Sie im Anhang finden.

Ich wünsche Ihnen die Ausgeglichenheit und Stabilität, die Sie sich immer gewünscht haben.

jederzeit – an jedem Ort – in jeder Situation

Aus eigener Erfahrung weiß ich: es funktioniert. Also, fangen Sie an.

Herzlichst
Ihre Martina Malsbender

3. Überblick über die Inhalte

Nach einem kurzen Kapitel über Stress, wie er entsteht und welche Auswirkungen er für die psychische und physische Gesundheit hat, gehe ich auf unterschiedliche Stresstypen ein und wie diese auf Stresssituationen reagieren.

Im Anschluss erläutere ich Möglichkeiten zum positiven Umgang mit Stress und gebe Hinweise zu Stressbewältigungsstrategien.

Danach folgen die Beschreibungen der verschiedenen Entspannungsverfahren und die jeweiligen Ziele, die Sie mit dem genannten Entspannungstraining für Ihr Wohlbefinden erreichen können. Auch die Kontraindikationen, das heißt bei welchen Krankheitsbildern das jeweilige Entspannungsverfahren <u>nicht</u> angewendet werden sollte, sind aufgelistet.

Zuerst werden die aktiven Entspannungsverfahren und danach die Trainings in Ruheposition beschrieben. Danach folgen Informationen zu den Stabilisierungsübungen und Phantasiereisen. Und schließlich gebe ich Ihnen Hintergrundinformationen zu NLP-Techniken und der Wunderfrage aus der lösungsorientierten Kurzzeittherapie.

Eine wichtige Frage ist: Welcher Entspannungstyp sind Sie? Bevorzugen Sie eine aktive oder passive Entspannungsmethode? Die meisten Menschen kennen sich selbst so gut, dass sie die Frage für sich sofort beantworten können. Da das jedoch nicht bei allen der Fall ist, habe ich einen Fragebogen erstellt, der Ihnen bei der Entscheidung für das geeignete Verfahren hilft.

Im nächsten Kapitel „Wie Sie die Trainings optimal für sich nutzen" gebe ich einige Empfehlungen, welche Vorbereitungen und Rahmenbedingungen Sie für die Durchführung der Trainings treffen sollten. Hier finden Sie auch Informationen zum Ablauf, die Zeit, die Sie einplanen sollten sowie zum Beenden der Übungen und die Rückkehr ins „Hier und Jetzt".

Danach folgt der Hauptteil dieses Übungs-Handbuches. Nach der Drei-Minuten-Kurzentspannung finden Sie ausführliche praktische Übungs-Anleitungen zu

- den aktiven Entspannungsverfahren
- den Trainings in Ruheposition und
- den Verfahren zur Stabilisierung sowie Phantasiereisen.

Im Anhang stehen Ihnen Arbeitsblätter zur Verfügung, die Sie zum Nachhalten Ihrer Erfolge nutzen können. Mit dem **Stresstest** können Sie Ihr aktuelles Stressniveau ermitteln und der Fragebogen zur Entspannungstypenbestimmung erleichtert Ihnen die Entscheidung, mit welchem Training Sie vorzugsweise beginnen sollten.

Die in diesem Buch genannten Autoren mit ihren Veröffentlichungen finden Sie am Ende unter „Literaturhinweise".

4. Was ist Stress?

Da es verschiedene Stressmodelle gibt, wird Stress unterschiedlich definiert. Die folgende Definition von Stress ist meines Erachtens eine der allgemein gültigsten und verständlichsten.

> **!**
>
> **Definition:**
> *„Der Begriff „Stress" kommt aus dem Englischen und bedeutet Anspannung oder Belastung. Im heutigen Sprachgebrauch steht er für Belastung oder Druck, der (von außen) auf ein Objekt oder eine Person ausgeübt wird. Die Stressreaktion ist eine Anpassungsreaktion des Körpers auf Belastungssituationen."*

Wie Sie gleich noch sehen werden, handelt es sich bei der Stressreaktion um eine angemessene und gesunde Reaktion auf Anforderungen aus der Umwelt.

4.1 Positiver Stress (Eustress) versus negativer Stress (Dis-Stress)

Man unterscheidet zwischen Eustress, eine eher anregende und leistungsfördernde Variante, und Dis-Stress, der die natürlichen Anpassungs- und Regulationsmechanismen des Körpers überfordert. Durch Dis-Stress werden im Körper Stresshormone, wie zum Beispiel Adrenalin ausgeschüttet. Sind diese Stresshormone im Körper dauerhaft zu hoch, verursachen sie verschiedene Krankheiten und werden mit Abbauprozessen (Zellalterung) in Verbindung gebracht. Bei beiden Arten werden stressbedingte Körperreaktionen hervorgerufen.

Beispiele für positiven Stress (Eustress) sind Feiern, Hochzeiten, neue (angenehm empfundene) Herausforderungen, wie interessante Aufgaben oder Beförderungen. Eustress verursacht positive Gedanken und Gefühle, versetzt Sie in Euphorie und Freude, motiviert. Beobachten Sie sich einmal selbst bei einer positiven Nachricht. Auch dabei steigt zum Beispiel Ihr Blutdruck, jedoch werden Glücksgefühle ausgelöst.

Dis-Stress hingegen kann auf Dauer krankhafte Prozesse in Ihrem Körper in Gang setzen: negative Gedanken und Gefühle werden ausgelöst. Beispiele hierfür sind Zeitdruck, Überforderungen, Belastungen, Sorgen und Ängste. Durch nicht abgebaute Blutfette, Energieüberschüsse, Bluthochdruck oder fehlende Energiereserven entstehen Herz-Kreislauferkrankungen oder Magen-Darm-Krankheiten. Also müssen die überschüssigen Energien abgebaut und neue Energiereserven durch Regenerationsphasen aufgebaut werden.

Ebenso sind bei Verspannungen die Hauptursachen in psychischen Befindlichkeiten, schlechter körperlicher Verfassung und Schmerzen zu finden. Die Verspannungen können wiederum zu einer Verstärkung der zugrunde liegenden Probleme und/oder zu weiteren Gesundheitsproblemen führen. Es ist überaus wichtig, diesen Teufelskreis schnellstmöglich zu durchbrechen und den Selbstheilungsprozess in Gang zu bringen.

Hierzu ist es wichtig, die eigenen Stressreaktionen sowie Stressoren[2], auf die man persönlich besonders stark reagiert, zu erkennen. Auf dieser Grundlage lässt sich gezielt gegen Stresserleben vorgehen; beispielsweise durch das Erlernen von Entspannungsübungen, sportliche Betätigung, das Rückbesinnen auf eigene Stärken und Ressourcen und durch das Bewusstmachen anderer erfolgreicher Bewältigungsmechanismen.

---

[2] Als **Stressoren** (auch: Stressfaktoren) werden alle inneren und äußeren Reize bezeichnet, die Stress verursachen und dadurch das betroffene Individuum zu einer Reaktion der aktiven Anpassung veranlassen.

4.2 Natürliche Körperreaktionen auf Stress (Anpassungsreaktion)

Bedenkt man, dass die Menschheit seit etwa einer Million Jahren existiert, die „zivilisierte Welt" aber erst seit 2000 Jahren, kann man durchaus nachvollziehen, dass das vegetative Nervensystem immer noch auf die Urzeit programmiert ist.

Im Körper laufen seither zwei ganzheitliche Programme ab, durch die die menschlichen Körperreaktionen bestimmt werden. Entweder befindet sich der Organismus in der Aktions- oder in der Regenerationsphase. Zu Urzeiten wurden die menschlichen Tagesabläufe durch den reinen Überlebenskampf bestimmt. Dazu zählten die Nahrungsmittelbeschaffung (Jagd und Kampf), die Umgehung von Gefahren (Flucht), die Verteidigung der Familie und des eigenen Lebens (Kampf) sowie die notwendigen Erholungsphasen (Ruhe nach Flucht oder Kampf).

Die notwendigen Höchstleistungen im Kampf-/Fluchtverhalten wurden erst durch den physiologischen Vorgang Stress geschaffen. So gesehen ist Stress und Stressreaktion etwas Positives: sie machen Sie leistungsfähiger. Die Regenerationsphasen (z. B. Ruhen, Nahrungsaufnahme) dienten dazu, um neue Energiereserven aufzubauen.

Die folgende Tabelle zeigt, welche physiologischen Vorgänge während einer Kampf- oder Fluchtsituation (Stresssituation) automatisch ablaufen und was danach während der Erholungsphasen im Körper stattfinden sollte, damit der Organismus sich sowohl physisch als auch psychisch wieder erholt und neue Kraftreserven aufbauen kann.

	Kampf / Flucht	Erholung
Einige physiologische Vorgänge	• verstärkte Konzentration • erhöhter Blutdruck (Erfüllung des Mehrbedarfs an Sauerstoff und Nährstoffen) • verstärkte Durchblutung durch Gefäßverengung (schnellerer Blutfluss) • Erhöhung der Blutfettwerte • Ausschüttung von Hormonen (z.B. Adrenalin) • Muskel**an**spannung	• Abnahme der Atemfrequenz • Gefäßerweiterung • Senkung des Blutdrucks • Muskel**ent**spannung

4.3 Folgen von Stress: Stimmungen, Krankheiten

Heutzutage ist die Menschheit kaum noch den oben geschilderten Stresssituationen ausgesetzt. Andere Stressquellen bestimmen unser Leben: Arbeitsstress, Prüfungsängste, finanzielle Sorgen, Zeitnot und vieles mehr wird von unserem Körper als Stresssituation bewertet. Dabei läuft das gleiche physiologische Reaktionsprogramm im Körper ab, wie schon vor einer Million Jahren. Wer hat das nicht schon einmal erlebt: schweißnasse Hände, Gesichtsröte, Kloß im Hals oder zittrige Gliedmaßen?

Jeder reagiert anders auf Stresssituationen, jeder bewertet Stresssituationen verschieden, manch einer hat kein Problem vor einer größeren Gruppe zu sprechen, kann aber dafür nicht in engen Fahrstühlen mitfahren. So werden eben Gefahrensituationen von jedem individuell wahrgenommen. Jeder reagiert anders auf Stresssituationen – welche Situation für den Einzelnen Stress bedeutet, ist grundverschieden.

Die Überforderung durch Dauerstress kann sich durch folgende psychosomatische und körperliche Beschwerden äußern:

- Erhöhte(r) Herzfrequenz/Blutdruck (bis hin zu erhöhtem Herzinfarktrisiko)
- Schwitzen
- Schwindelanfälle
- Kopfschmerzen
- Chronische Müdigkeit/ Schlafstörungen
- Zähneknirschen (auch nächtliches Zähneknirschen)
- Verspannungen im Schulter- und Nackenbereich
- Angstgefühle, Depression, Burn-out

Viele dieser bekannten „Volkskrankheiten" finden ihre Ursache tatsächlich in einer andauernden Überlastung – das Gleichgewicht zwischen sympathischer[3] und parasympathischer[4] Aktivität ist nicht mehr gegeben. Kein Organismus kann eine stete Belastung durch eine ständige Bereitstellung neuer Kraftreserven kompensieren, ohne sie vorher durch Regenerationsphasen aufgebaut zu haben.

Zusammenfassend lässt sich jedoch feststellen, dass bei Stresssituationen Energiepotentiale bereitgestellt werden und der Körper Schäden erleidet, wenn er diese nicht abbauen kann wie zu urzeitlichen Tagesabläufen. Was können wir in unserer Zeit tun, um die bereitgestellte Energie abzubauen? In der Prüfung kann man nicht wegrennen, mit dem Chef kann man sich nicht körperlich auseinandersetzen und nach anstrengender Arbeit kann man sich nicht an der Arbeitsstätte schlafen legen!

---

[3] Der **Sympathikus** oder das sympathische Nervensystem ist neben dem Parasympathikus ein Teil des vegetativen Nervensystems. Der Sympathikus erhöht die nach außen gerichtete Aktionsfähigkeit (steigert Blutdruck, Herzfrequenz, Muskeltonus) bei tatsächlicher oder gefühlter Belastung („Fight-or-flight").

[4] Der **Parasympathikus** ist beteiligt an der unwillkürlichen Steuerung der meisten inneren Organe und des Blutkreislaufs. Er wird auch als „Ruhenerv" oder „Erholungsnerv" bezeichnet, da er dem Stoffwechsel, der Erholung und dem Aufbau körpereigener Reserven dient (aktiv zum Beispiel während der Nachtruhe).

5. Welcher Stresstyp sind Sie?

Das sympathische und das parasympathische System befinden sich idealerweise im Gleichgewicht. Gerät ein Mensch in Dauerstress, wird diese Balance gestört!

Eines der beiden Systeme (das sympathische oder parasympathische System) tritt dann in den Vordergrund. Dieses ist abhängig von erblichen Vorbestimmungen, Lernerfahrungen sowie von der Art und Dauer des Stressfaktors.

Allgemein sind Menschen dieser 2er-Einteilung schwer zuzuordnen, meistens bewegen sie sich dazwischen, mit einer gewissen Tendenz zu einer Seite!

Es existieren in der Literatur unterschiedliche Klassifizierungen von Stresstypen. Ich stelle Ihnen im Folgenden die einfachste Unterteilung vor - eine Einteilung in A- und B-Stresstypen.

Die Reaktion der Menschen auf Stress kann sich sehr vielseitig äußern. Auf denselben Stressor können verschiedene Menschen auf unterschiedliche Weise reagieren. Auffällig ist dabei jedoch, dass einige Reaktionen häufig gemeinsam auftreten und andere nur im Zusammenhang mit wieder anderen Reaktionen. So kann man Stresstypen unterscheiden, die in den typischen Verhaltensweisen, den körperlichen Reaktionen und der Neigung zu unterschiedlichen Krankheitsbildern Gemeinsamkeiten aufweisen.

5.1 Stresstyp A – Sympathikotoniker (Adrenalin)

A – das steht in diesem Fall für **Adrenalin**, denn bei diesem Stresstyp kommt es unter Stress zu einer verstärkten Ausschüttung von Adrenalin und Noradrenalin aus dem Nebennierenmark. Weitere körperliche Reaktionen sind eine Steigerung der Herzaktivität (Herzklopfen) sowie die damit verbundene Erhöhung des Blutdrucks und des Pulsschlags. Ferner kommt es zu einer Erhöhung der Körpertemperatur und einer dadurch bedingten Steigerung der Schweißabsonderung (Schwitzen). Außerdem wird insgesamt die Aktivität des Magen-Darm-Traktes vermindert, was sich in mangelnder Speichelsekretion (Mundtrockenheit), in einer verringerten Darmbewegung und in einer Hemmung der Insulin-Freisetzung (Appetitlosigkeit) äußert. Um genügend Energie für eine Reaktion auf die Stressreaktion aufzubringen, werden die Energiereserven in Form von Stärke, Fett und Eiweiß abgebaut, so dass z.B. der Blutzuckerspiegel ansteigt.

Kurzum – bei diesem Stresstyp kann man solche körperlichen Signale oder Merkmale wahrnehmen, die auf eine erhöhte Aktivität des sympathischen Nervensystems schließen lassen.

Dieser Stresstyp wird daher auch als „Sympathikotoniker" bezeichnet. Das Verhalten der Menschen des Stresstyps A in Stresssituationen kann man exemplarisch (nicht pauschal!) folgendermaßen beschreiben:

Sie sind ehrgeizig, aggressiv, ungeduldig und aufbrausend. Solche Menschen stehen eigentlich ständig unter Zeitdruck und haben es eilig. Sie sprechen zu laut und zu schnell und gestikulieren ständig wild mit den Armen in der Gegend herum. Wenn sich Sympathikotoniker über etwas aufregen, sind sie erst zufrieden, wenn sie aktiv geworden sind, d.h. selbsttätig versuchen, die „Sache" in den Griff zu bekommen (Kontrollbedürfnis). Dabei verfügen sie über ein hohes Maß an Engagement, scheitern aber häufig an einer Selbstüberschätzung und einer Selbstüberforderung. Es gibt keine Situation, in der sich diese Menschen einfach abzuschirmen versuchen und über etwas hinwegsehen; sie mischen sich in alles ein und fühlen sich für alles verantwortlich.

Stresstyp A-Menschen besitzen ein erhöhtes Risiko für Herz-Kreislauf-Erkrankungen. Die häufigste Todesursache in dieser Personengruppe ist der Herzinfarkt. Durch häufigen Bluthochdruck kommt es zu Arteriosklerose und damit zur Gefäßverengung, einem typischen Risikofaktor für Herzinfarkte.

5.2 Stresstyp B – Vagotoniker (Cortisol)

In einigen Stresstypologien wird der Typ B auch als Typ C bezeichnet. Das **C** steht für **Cortisol**, da bei diesem Stresstyp in Stresssituationen eine vermehrte Ausschüttung von Glukokortikoiden, u.a. des Hormons Cortisol, aus der Nebennierenrinde erfolgt.

Weitere Reaktionen des Körpers sind die Senkung des Blutdruckes, die dann auch zu den typischen kalten Händen und Füßen, also an der Peripherie des Körpers führen. Außerdem sind ein erhöhter Speichelfluss und eine gesteigerte Magensaftsekretion Anzeichen für eine insgesamt verstärkte Aktivität des Magen-Darm-Traktes. Ferner ist eine Schwächung des Immunsystems zu verzeichnen, was sich häufig zum Beispiel in Schnupfen oder Erkältungen äußert. Dabei kommt es sowohl zu einer Hemmung der Abwehrreaktion als auch zu einer Hemmung der Antikörperbildung.

Dieser Stresstyp wird daher auch als „Vagotoniker" bezeichnet. Im Gegensatz zum Stresstyp A sind dies also Reaktionen, die mit einer erhöhten Aktivität des parasympathischen Nervensystems zu erklären sind.

Das Verhalten der Menschen, die unter Stress vor allem mit parasympathischen Reaktionen reagieren, lässt sich folgendermaßen charakterisieren. Solche Personen sind häufig passiv, ziehen sich ängstlich und unsicher zurück und weichen so konfrontativen Auseinandersetzungen aus. Sie unterdrücken negative Gefühle und zeigen eine „Tendenz zur Hilfs- und Hoffnungslosigkeit".

Ihren Mitmenschen gegenüber verhalten sie sich meist freundlich, geduldig und erheben wenige Ansprüche. Menschen vom Stresstyp B sind vor allem kaum in der Lage abzuschalten. Sie schleppen Probleme und Stresssituationen mit sich nach Hause und „fressen sie häufig in sich hinein".

Stresstyp B-Menschen neigen zu depressivem Verhalten. Außerdem zeigen sie aufgrund ihres geschwächten Immunsystems ein erhöhtes Risiko für Infektionskrankheiten. Doch die größte gesundheitliche Gefahr ist eine Disposition (Veranlagung) für Magen- und Darmgeschwüre sowie für Krebserkrankungen.

Die folgende Tabelle zeigt die Stresstypen als Übersicht mit der jeweiligen Stresssituation und die daraus folgende mögliche Stressreaktion:

Stresstyp	A- (Sympathikotoniker)	B- (Vagotoniker)
Dominanz	Sympathikus	Parasympathikus
Situation	• Willensanstrengung • Aggressions- und Konkurrenzgefühle • Feindseligkeit	• Kindliche Abhängigkeitsverhältnisse • Minderwertigkeitsgefühle • Angst- und Schuldgefühle
Stress	• wenn die Abfuhr aggressiver Antriebe blockiert wird	• wenn die häufig hilfesuchenden Bestrebungen blockiert werden
Person ist	• nervös, temperamentvoll und unbeherrscht	• defensiv, geschockt, traurig und zieht sich zurück
Psychosomatische Störungen	• Migräne • Bluthochdruck • Herzneurosen • Arthritis • Diabetes • Rheuma • Überfunktion der Schilddrüse • Herz-Kreislauf-Erkrankungen (Herzinfarkt)	• Erschöpfungszustände • geringe Leistungsfähigkeit • Asthma

5.3 Stresstyp C – auch G genannt für Gesundheitstyp

Es gibt verschiedene Klassifikationen von Stresstypen: dabei wird häufig auch ein dritter Stresstyp genannt. Der sogenannte Typ C oder auch „**G**" genannt für **Gesundheitstyp**.

Dieser Personengruppe gelingt es, positiv mit Stresssituationen umzugehen. Dabei ist bei dieser Personengruppe keine eingeschränkte Aktivität im Privat- und Familienleben und kein geringeres berufliches Engagement zu beobachten, sondern vielmehr die Befähigung, im Gleichgewicht zwischen Anspannung und Entspannung zu bleiben. Sie sind beruflich wie privat engagiert und können sich entspannen beziehungsweise zu bestimmten Zeitpunkten einfach abschalten.

6. Positiver Umgang mit Stress

6.1 Stressbewältigungsstrategien

Es gibt verschiedene Stressbewältigungsstrategien, um sich allmählich dem Stresstyp C bzw. G (Gesundheitstyp) zu nähern und ein Leben im Gleichgewicht zu führen.

6.2 Das Stressbewältigungsmodell nach Lazarus

Im transaktionalen Stressmodell nach Lazarus (1991) geht es um die Bewertung einer Situation (positiv, gefährlich, irrelevant) und deren Bewältigung (Ressourcen; problemorientierte, emotionsorientierte Änderung) sowie deren Neubewertung, was häufig zu einem Lern- und Anpassungsprozess führt. Das Modell ist auch heute noch aktuell und hilfreich zur Reduzierung von Stress.

Die folgende Tabelle zeigt schematisch die Bewertungsstufen einer Person, die sie durchläuft, wenn Reize/Anforderungen aus der Umwelt (Stressoren) auf sie treffen:

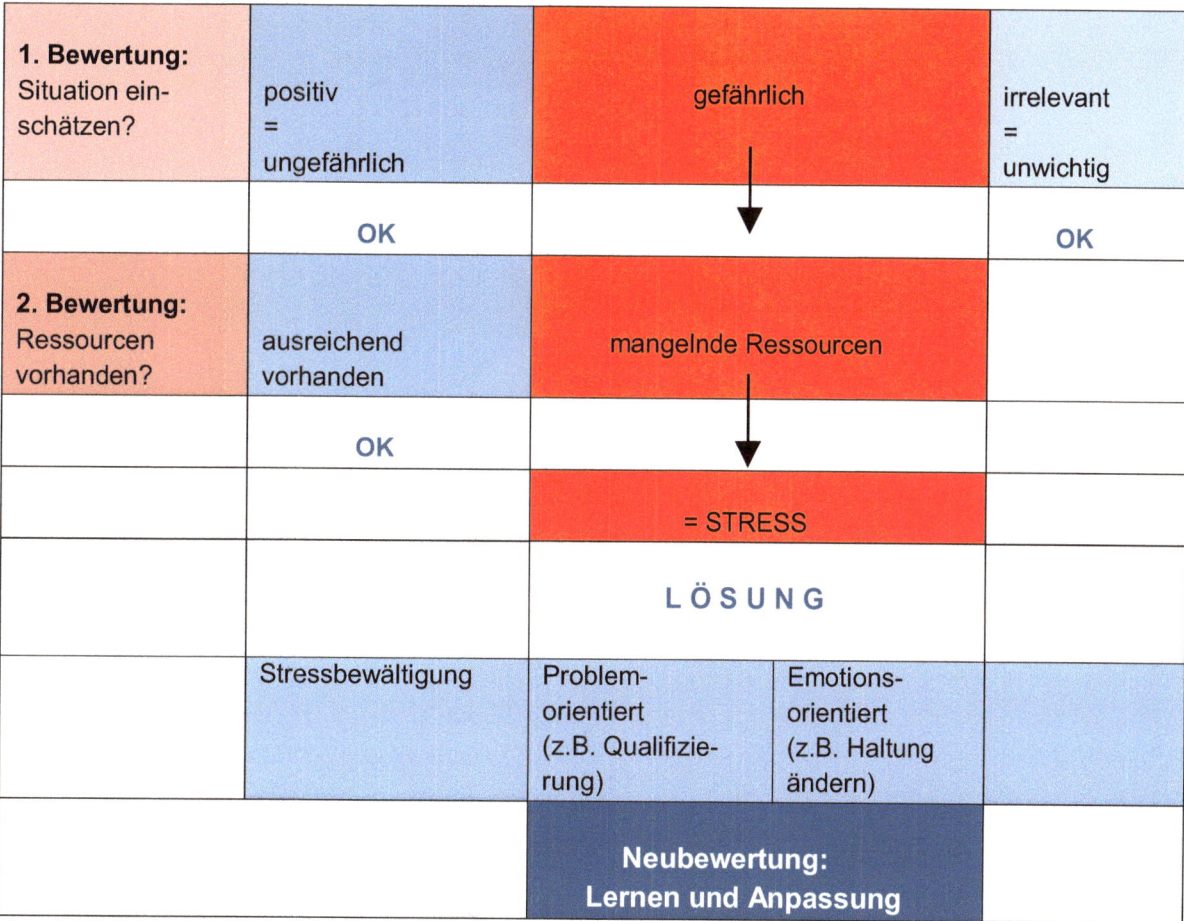

6.3 Das Stressmanagementtraining nach Kaluza

Das Stressbewältigungsmodell nach Kaluza (2011), bietet drei Hauptstrategien, um Stress zu minimieren:

- die instrumentelle (Situation ändern, äußere Stressoren reduzieren),
- die persönliche (Umdenken, Stressverstärker minimieren) und
- die regenerative (Entspannungstraining, Bewegung, Sport).

Die folgende Tabelle zeigt schematisch die drei Handlungsfelder des Stressbewältigungstrainings nach Kaluza:

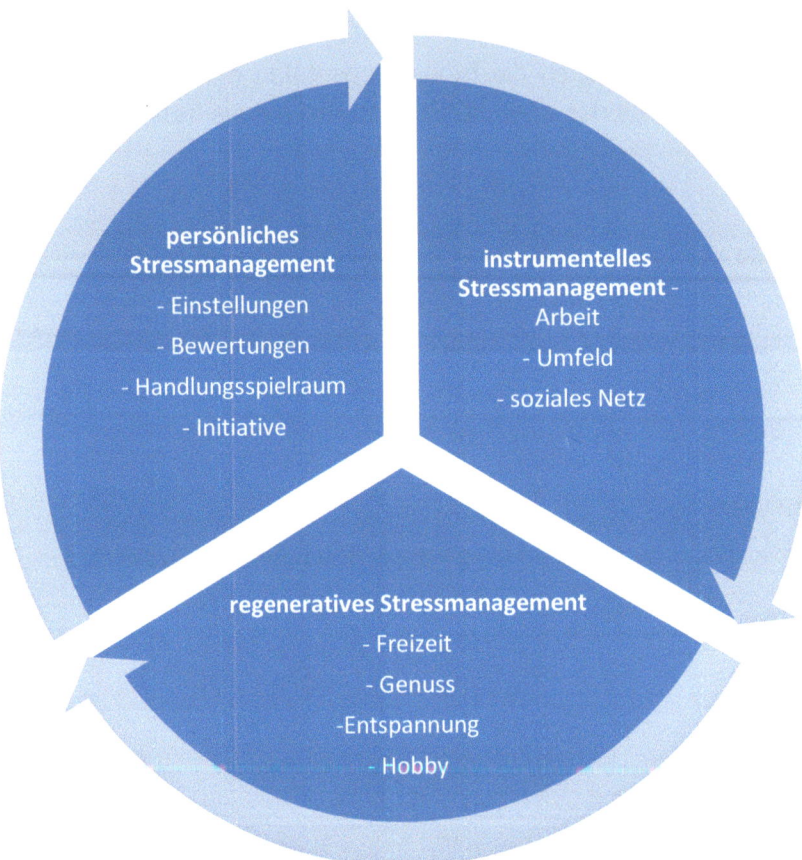

Die weitere Ausführung der Stressbewältigungsstrategien würde den Rahmen dieses Buches sprengen; hier geht es vor allem um die regenerative Stressbewältigung und deren praktische Anwendung.

Dennoch möchte ich noch kurz auf die Stressverstärker aus der persönlichen Stressbewältigung eingehen, da Sie daraus einen zusätzlichen Nutzen erzielen, wenn Sie sich selbst aufmerksam beobachten und sie möglichst reduzieren.

6.4 Persönliche Stressverstärker erkennen

Persönliche Stressverstärker entstehen durch eigene Einstellungen und Überzeugungen, die wir in uns tragen. Oft sind die meisten Menschen sich dessen nicht bewusst. Hinter den persönlichen Stressverstärkern verbergen sich in der Regel Bedürfnisse und (versteckte) Ziele. Es gilt, diese zu erkennen beziehungsweise bewusst wahrzunehmen und sie möglichst neu zu bewerten.

Persönliche Stressverstärker	Bedürfnisse
Sei perfekt!	Nach Anerkennung/Wertschätzung
Sei beliebt!	Beliebt sein/Geliebt zu werden
Sei stark!	Unabhängig (frei) sein (Kontrolle)
Sei vorsichtig!	Sicherheit (keine Fehler zu machen)
Ich kann nicht!	Nach Hilfe/Unterstützung (vermindertes Selbstwertgefühl)

Jeder Mensch will geliebt, respektiert und wertgeschätzt werden, und die Kontrolle über sich und sein Leben haben, also sich sicher fühlen. Die oben genannten Bedürfnisse sind grundsätzliche Bedürfnisse, die jeder hat und vollkommen normal sind. Es stellt sich allerdings die Frage, wie ausgeprägt diese Bedürfnisse sind und ob sie durch bestimmte Verhaltensweisen (persönliche Stressverstärker) befriedigt werden können oder ob es durch die oben genannten Verhaltensweisen eher zu Überforderungen und Unzufriedenheit kommt. Es ist nicht möglich, immer perfekt, beliebt und stark zu sein, und – glauben Sie mir – keiner erwartet das von Ihnen außer Sie selbst!

Eine Möglichkeit ist die Schulung der eigenen Wahrnehmung und genauer hinzuschauen, was gerade Ihr Bedürfnis ist. Fragen Sie sich: Welches Ziel will ich tatsächlich erreichen? Ist mein Verhalten der Situation angemessen oder überfordere ich mich damit? Stehen mir ausreichend Ressourcen zur Verfügung? Letztendlich geht es darum, umzudenken, mit sich selbst fürsorglich umzugehen und realistische Ziele selbstbestimmt anzustreben.

Gute und erreichbare Ziele erfüllen die folgenden Kriterien:

- Persönlich attraktiv
- Positiv formuliert
- Konkret, terminiert und überprüfbar
- Realistisch
- Durch eigenes Tun erreichbar (realisierbar)

Stressmanagement soll dabei helfen, Ziele zu erreichen. In der Regel reichen die vorhandenen Ressourcen aus, um wenige, wichtige, konkrete Ziele zu erreichen. Das Stressbewältigungstraining nach Prof. Kaluza ist meines Erachtens eines der besten Trainings und wird in Wirtschaft und Verwaltung eingesetzt.

6.5 Ausgleich schaffen und die Balance wiederherstellen

In diesem Übungs-Handbuch geht es vor allem um die regenerative Stressbewältigung, das heißt Entspannungstrainings, Achtsamkeit, Stabilisierung und Phantasiereisen.

Die im Folgenden vorgestellten Entspannungstechniken sind modifizierte beziehungsweise erweiterte Anleitungen. Eingearbeitet habe ich mein Wissen und meine Erfahrungen aus der Arbeit mit der Integrierten Lösungsorientierten Psychologie, dem NLP und mit der Wunderfrage nach Steve de Shazer. Diese Verfahren gilt es zu erlernen und regelmäßig anzuwenden sowie den Entspannungszustand im Alltag in Stresssituationen abzurufen.

7. Definition von Gesundheit der WHO

Die wahrscheinlich bekannteste Definition von Gesundheit stammt von der Weltgesundheitsorganisation (WHO):

> **Definition:**
> *„Gesundheit ist ein Zustand vollkommenen körperlichen, geistigen und sozialen Wohlbefindens und nicht allein das Fehlen von Krankheit und Gebrechen."*

Es ist sehr wichtig, das die Definition von Gesundheit nicht nur das Fehlen von Krankheit und Gebrechen beinhaltet, sondern die Komplexität des Phänomens Gesundheit charakterisiert. Ansonsten würde sie lediglich eine Abgrenzung zur Bestimmung von Krankheit beschreiben.

Auf das Wohlbefinden eines Menschen in allen Facetten zielen die hier vorgestellten Entspannungstrainings, Achtsamkeitsübungen und Phantasiereisen ab.

8. Ziele aller Entspannungsverfahren und der Stabilisierung

Grundsätzlich erreichen Sie mit allen Entspannungsverfahren folgende Ziele:

- Emotionale Gelassenheit
  (Affekte und Emotionen lassen sich kaum noch provozieren)
- Mentale Frische
  (nach den Übungen stellt sich ein Gefühl des geistigen und körperlichen „Ausgeruht seins" ein
- Außenreize verlieren an Bedeutung
  (Geräusche und Beleuchtung werden weniger wahrgenommen)

Die Stabilisierungsverfahren und Phantasiereisen dienen dazu

- Ein Gefühl von Sicherheit (wieder) zu gewinnen
- Entlastung von Sorgen und Ängsten zu bekommen
- Rat und Hilfe aus sich selbst heraus zu finden

9. Aktive Entspannungsverfahren

Im Folgenden werden zunächst die Verfahren beschrieben, die für aktiv orientierte Menschen am besten geeignet sind. Sie sind körperorientiert und damit deutlich spürbar.

9.1 Die Progressive Muskelentspannung (PMR)

„Entspannung durch Anspannung"

Die progressive Muskelentspannung (auch progressive Muskelrelaxation, kurz PMR) wurde von dem Arzt und Physiologen Dr. Edmund Jacobson begründet und von mehreren Wissenschaftlern weiterentwickelt. In der heutigen Form wird PMR nach Bernstein & Borkovec vielfach in Reha-Kliniken erfolgreich eingesetzt. Relaxation bedeutet Entspannung. Progressiv meint den fortschreitenden Prozess, in dem der Entspannungszustand Schritt für Schritt aufgebaut und erlernt wird.

Anspannungen der Muskulatur entstehen häufig im Zusammenhang mit Stress und innerer Unruhe und/oder Ängsten. Innere Anspannung führt folglich auch zu Muskelverspannungen. Die PMR basiert auf die Umkehrung dieses Zusammenhangs: durch die Entspannung der Muskulatur wird ein tiefer physischer und mentaler Ruhezustand erreicht.

Im Verlauf des Entspannungstrainings werden Sie nacheinander verschiedene Muskelgruppen deutlich spürbar anspannen und danach wieder entspannen. Dabei richten Sie Ihre Aufmerksamkeit auf den Unterschied zwischen den Anspannungs- und Entspannungsempfindungen. Dadurch wird Ihre innere Wahrnehmung verstärkt und Alltagsgedanken treten in den Hintergrund, werden nebensächlich. Der muskulären Anspannungsphase folgen die körperliche und damit verbunden auch die mentale Entspannungsphase. Nach und nach gelangen Sie in einen tief entspannten Zustand.

Am Anfang des Kurses werden noch längere und ausführliche Übungssequenzen durchgeführt, die jedoch mit zunehmender Übung verkürzt werden. Begonnen wird mit 16 Muskelgruppen, dann verkürzt auf 7 und danach auf 4 Muskelgruppen. Im Anschluss führen Sie das mentale PMR durch, das eine hervorragende Vorbereitung für das Erlernen des Autogenen Trainings ist. Als fortgeschrittener Teilnehmer sind Sie in der Lage, sich zum Beispiel in Stresssituationen innerhalb weniger Minuten zu entspannen.

Die hier vorgestellten Übungen zur Progressiven Muskelentspannung sind modifizierte beziehungsweise erweiterte Anleitungen. Eingearbeitet habe ich mein Wissen und meine Erfahrungen aus der Arbeit mit der Integrierten Lösungsorientierten Psychologie, dem NLP und der Wunderfrage nach Steve de Shazer. Die zusätzlich eingearbeiteten Erweiterungen ermöglichen Ihnen einen sofortigen Abruf des Entspannungszustandes in Alltagssituationen.

9.1.1 Ziele der PMR

- bewusste körperliche und geistige Entspannung
- Verbesserung des Körpergefühls
- Abbau muskulärer Verspannungen
- Reduzierung von Rückenschmerzen
- Beseitigung von Spannungskopfschmerzen
- Bluthochdruck reduzieren
- Stabilisierung des Kreislaufs
- Vorbeugung weiterer stressbedingter Erkrankungen
- Steigerung von Aufmerksamkeit und Konzentration
- Verbesserung der Schlafqualität
- Förderung der Gesundheit

9.1.2   Kontraindikationen der PMR

- Migräne
- Rheuma
- Gicht
- psychotische Krankheitsbilder
- Suchterkrankungen (außer Nikotinsucht)

Bei den oben genannten Krankheiten darf die PMR <u>nicht</u> angewandt werden!

9.2   Stressreduktion durch Achtsamkeitstraining

Ursprünglich entwickelte der amerikanische Molekularbiologe Jon Kabat-Zinn von der University of Massachusetts das MBSR, das über acht Wochen geht. "Mindfulness Based Stress Reduction", zu Deutsch: Stressreduktion durch Achtsamkeit. Es hat sich seitdem nicht mehr groß verändert. Das MBSR-Achtsamkeitstraining verbindet verschiedene Techniken des Yoga aus der buddhistischen Psychologie, der Meditation und ganz allgemein der Körperwahrnehmung und der bewussten Atmung. Es wird heute auch in Kliniken bei Patienten mit schwerer Persönlichkeitsstörung erfolgreich eingesetzt.

Definition von Achtsamkeit nach Jon Kabat-Zinn:

> **!**
>
> **Definition:**
> *„Achtsamkeit" nennt man eine bestimmte Form der Aufmerksamkeit, die*
> - *absichtsvoll ist,*
> - *sich auf den gegenwärtigen Moment bezieht (statt auf die Vergangenheit oder die Zukunft),*
> - *und nicht wertend ist.*

Einige Übungen stelle ich Ihnen in diesem Übungs-Handbuch vor. Achtsamkeit bedeutet, die Aufmerksamkeit mittels der Sinneswahrnehmung bewusst zu lenken und zu fokussieren – sich im Hier und Jetzt auf nur eine Sache zu konzentrieren. Übungen wie

- der Body-Scan,
- das Genusstraining und
- die 3-2-1-Übung

gehören dazu. Durch die Übungen werden Gedankenspiralen unterbrochen und der Geist fokussiert, was sich wiederum positiv auf das psychische und physische Wohlbefinden auswirkt.

9.2.1   Ziele des Achtsamkeitstrainings

- bewusste Sinneswahrnehmung
- Verbesserung des Körpergefühls
- Sein im Hier und Jetzt
- Den Augenblick genießen
- Erhöhung der Akzeptanz
- Verbesserung der Atmung
- Erhöhung der Konzentration

9.2.2 Kontraindikationen

- psychotische Krankheitsbilder
- Suchterkrankungen (außer Nikotinsucht)

Bei den oben genannten Krankheiten darf das Achtsamkeitstraining <u>nicht</u> angewandt werden!

10. Entspannungsverfahren in Ruheposition

Es folgen nun die Beschreibungen zu den Entspannungstrainings, die Sie bequem zu Hause im Sessel oder an einem anderen Ort durchführen können, wo Sie längere Zeit ungestört ruhig und bewegungslos sitzen können.

10.1 Das Autogene Training (AT)

„Entspannung durch Autosuggestion"

Das Autogene Training, kurz AT, ist eine auf Autosuggestion beruhende Entspannungstechnik und bedeutet, dass der Entspannungszustand durch <u>ausgewählte Ruheformeln "selbst erzeugt"</u> wird. Dieses Verfahren wurde von dem deutschen Arzt Dr. J. H. Schultz begründet. Aus seinen Erfahrungen an einem Berliner Hypnose-Institut entwickelte er diese Selbsthilfemethode. Grundlage war seine Entdeckung, dass die meisten Menschen in der Lage sind, einen Zustand tiefer Entspannung allein mit Hilfe ihrer Vorstellungskraft herbei zu führen. Die ursprünglichen Methoden wurden seitdem aufgrund neuer Erkenntnisse erweitert. Heute wird das Autogene Training vielfach von gesunden Personen angewendet und dient als präventive Maßnahme der Gesundheitsförderung.

Das AT stützt sich auf die Tatsache, dass das vegetative Nervensystem über die eigene, konzentrierte Selbstentspannung gezielt beeinflusst werden kann und daher die Möglichkeit besteht, Stress willentlich abzubauen. Dies geschieht durch Übungen, die eine Entspannung der Muskeln und Gefäße herbeiführen und harmonisierend auf die Atem- und Herztätigkeit einwirken. Die Körperwahrnehmung wird vertieft; die ungesunde Anspannung wird auf eine mittlere Spannungslage reduziert, die Ausgeglichenheit und Leistungsfähigkeit zurückgibt.

Im Verlauf des Kurses erlernen Sie Ruhe- und Entspannungsformeln (Autosuggestionen), die Sie innerlich gedanklich mitsprechen und lösen dadurch zum Beispiel Schwere- und Wärmeempfindungen aus. Auf diese Weise erreichen Sie willentlich eine körperliche und mentale Entspannung. Mit diesen Entspannungsformeln lernen Sie, Abstand vom Alltag zu gewinnen und Stress abzubauen. Mit regelmäßigem Üben trainieren Sie Ihren Körper und Geist darauf, innerhalb weniger Minuten in einen tiefenentspannten Zustand zu gehen. Das AT ist eine gute, vorbereitende Übung für die Selbsthypnose.

Die hier vorgestellten Übungen zum Autogenen Training sind modifizierte beziehungsweise erweiterte Anleitungen. Eingearbeitet habe ich mein Wissen und meine Erfahrungen aus der Arbeit mit der Integrierten Lösungsorientierten Psychologie, dem NLP und der Wunderfrage nach Steve de Shazer. Die zusätzlich eingearbeiteten Erweiterungen ermöglichen Ihnen einen sofortigen Abruf des Entspannungszustandes in Alltagssituationen.

Das Autogene Training gliedert sich in 6 Grundübungen, angelehnt an die physiologischen Auswirkungen der Entspannungsreaktion. Vor jeder Übung wird eine kurze Körperreise durchgeführt, an die sich dann die autogenen Formeln anschließen.

<u>Körperreise plus 6 Grundübungen sowie die Kurzform des AT:</u>

- Schwereübung: Entspannung der Muskulatur
- Wärmeübung: Gefäßerweiterung
- Atemübung: Abnahme der Atemfrequenz
- Herzübung: Senkung des Pulsschlages
- Sonnengeflechtsübung[5]:Anregung der Verdauung
- Die Stirnkühleübung: zur Anregung
- Die Kurzform AT: Entspannung und Ruhe

10.1.1   Ziele des AT

- bewusste mentale und körperliche Entspannung
- Verbesserung der Schlafqualität
- Reduzierung von Spannungskopfschmerzen
- Minderung nervöser Herzbeschwerden
- Reduzierung nervöser Magen-Darm-Erkrankungen
- Rückgang vegetativer Fehlregulationen
- Abnahme rheumatischer Beschwerden
- Reduzierung von Prüfungsangst und anderen Ängsten
- Steigerung von Aufmerksamkeit und Konzentration
- Verringerung von Unsicherheit, Nervosität und Selbstzweifel
- Steigerung der Lebensqualität

10.1.2   Kontraindikationen des AT

- schwere Depression
- Panikattacken
- Angststörungen
- psychotische Krankheitsbilder
- Suchterkrankungen (außer Nikotinsucht)

Bei den oben genannten Krankheiten darf das AT <u>nicht</u> angewandt werden!

10.2 Stabilisierung und Phantasiereisen

Ursprünglich hat Dr. Luise Reddemann im Rahmen ihrer Traumatherapie Stabilisierungsübungen und Phantasiereisen entwickelt. Mittlerweile gibt es eine Vielzahl an zusätzlichen Phantasiereisen, die von anderen Fachleuten entwickelt, angewendet und veröffentlicht wurden.

Die Stabilisierungstechniken verhelfen zu einem Gefühl von Sicherheit und Geborgenheit; sie entlasten von Sorgen und Ängsten. Die Übungen werden nach einer Kurzentspannung (Body-Scan) mittels der eigenen Vorstellungskraft in inneren Bildern erzeugt. Sie begeben sich mental auf eine angenehme Reise.

Die hier vorgestellten Übungen zur Stabilisierung und den Phantasiereisen sind modifizierte beziehungsweise erweiterte Anleitungen. Eingearbeitet habe ich mein Wissen und meine Erfahrungen aus der Arbeit mit der Integrierten Lösungsorientierten Psychologie, dem NLP und der Wunderfrage nach Steve de Shazer. Die zusätzlich eingearbeiteten Erweiterungen ermöglichen Ihnen einen sofortigen Abruf des Entspannungszustandes in Alltagssituationen.

---

[5] Das Sonnengeflecht (lat. **Solarplexus)** ist ein autonomes Geflecht sympathischer und parasympathischer Nervenfasern im Bereich des Epigastriums. Das **Epigastrium** des Menschen ist die Bauchregion zwischen Rippenbogen und Bauchnabel und wird daher auch als **Oberbauch** bezeichnet.

10.2.1   Ziele der Stabilisierung und Phantasiereisen

- Das Gefühl von Sicherheit (wieder)gewinnen
- Grübeln reduzieren
- Entlastung von Sorgen erfahren
- Ängste und Selbstzweifel minimieren
- Unterstützung erfahren
- Stabilität erhöhen
- Vertrauen (wieder)gewinnen
- Loslassen lernen
- Ausgeglichenheit beibehalten
- Mentale und körperliche Entspannung erreichen

10.2.2   Kontraindikationen

- Akute Posttraumatische Belastungsstörung
- psychotische Krankheitsbilder
- Suchterkrankungen (außer Nikotinsucht)

Bei den oben genannten Krankheiten dürfen die Stabilisierung und Phantasiereisen <u>nicht</u> angewandt werden!

11. NLP-Techniken

Das Neuro-Linguistische Programmieren (kurz NLP) ist eine Sammlung von Kommunikationstechniken und Methoden zur Veränderung psychischer Abläufe im Menschen.

Die Bezeichnung „Neuro-Linguistisches Programmieren" soll ausdrücken, dass Vorgänge im Gehirn (= Neuro) mit Hilfe der Sprache (= linguistisch) auf Basis systematischer Handlungsanweisungen änderbar sind (= Programmieren).

NLP wurde von Richard Bandler und John Grinder in den 1970er Jahren innerhalb des Human Potential Movement entwickelt. Es vereinte zunächst verschiedene psychotherapeutische Ansätze, unter anderem aus der Hypnotherapie, Familientherapie und Gestalttherapie zu ziel- und lösungsorientierten Verfahren sowie anderer Bereiche der Kommunikation (z.B. Coaching, Managementtechniken). Dagegen verstehen viele spätere Vertreter NLP nur noch als ein Modell der zwischenmenschlichen Kommunikation und Sammlung unterschiedlicher psychologischer Verfahren und Modelle, die zu einer effizienteren zwischenmenschlichen Kommunikation und Einflussnahme führen sollen.

Die meisten NLP-Anwender und -Verbände betrachten dagegen NLP weder als Wissenschaft noch als eine Form der Psychotherapie, sondern als ein Modell menschlichen Lernens und menschlicher Kommunikation.

Anfang der 1980er Jahre wurde NLP etwa zeitgleich von Thies Stahl und Gundl Kutschera nach Deutschland beziehungsweise Österreich importiert und damit auch in Europa populär.

NLP verwendet so genannte „NLP-Formate". Als „Format" wird eine bestimmte Handlungsabfolge einer Sitzung oder eines Gespräches bezeichnet. Viele NLP-Formate entstammen klassischen Therapieformen oder sind in jahrelanger Arbeit durch sogenannte Modellierung entstanden. So gibt es Modelle zur positiven Umdeutung von Wahrnehmungen, zur Zielfindung und zum Ankern.

Allen Formaten ist gemeinsam, dass sie sich an der Stärkung von inneren Ressourcen orientieren und den Schwerpunkt in die Aufarbeitung der Vergangenheit des Klienten mit besonderem Augenmerk auf Veränderungsarbeit in den kritischen Bereichen setzen.

Ressourcenstärkung dient zur Überwindung von Problemen, Schwellenängsten, Blockaden oder Störungen. Dabei wird großen Wert auf eine humanistische Haltung des Beraters in der Arbeit mit Klienten gelegt. Die eigentliche Arbeit in der Beratung läuft entlang klar vorgegebener Handlungs- und Gesprächsformeln ab.

Der Begriff „Programmieren" versteht sich innerhalb des NLP nicht als manipulativ, da sämtliche Interventionen unter Abfrage der ethischen und moralischen Werte des Klienten abgestimmt werden. Die Absicht besteht vielmehr darin, Klienten und Klientinnen zu helfen, sich gegenüber inneren Programmen, die normalerweise unbewusst ablaufen, zu emanzipieren und damit ihre Lebensqualität zu steigern.

Ich habe zur Vertiefung und nachhaltigen Stabilität des Entspannungszustandes einige geeignete NLP-Techniken in die Entspannungstrainings eingearbeitet, mit denen Sie sich selbst positiv beeinflussen können.

11.1 Ankern:

Einen „(emotionalen) Anker" setzen bedeutet, dass der Entspannungszustand mit einem angenehmen Bild, schöner Musik und/oder einer körperlich wahrnehmbaren Empfindung verbunden wird. Das vertieft über die visuelle, olfaktorische und physiologische Wahrnehmung die Wirksamkeit der Entspannung und ermöglicht das Abrufen des Entspannungsgefühls jederzeit und nachhaltig im Alltag.

Eine mögliche Anleitung zum Setzen eines „Ankers" im entspannten Zustand könnte folgendermaßen lauten:

„Und dann verabrede mit Dir selbst ein Zeichen, drücke zum Beispiel den Zeigefinger und Daumen zusammen, falte Deine Hände, hebe einen Finger oder kneife Dich an eine gut erreichbare Stelle Deines Körpers, zum Beispiel an Deinem Unterarm oder Oberschenkel, damit sich über dieses Signal auch Dein Körper an Deinen tief entspannten Zustand erinnern kann.

Immer, wenn Du künftig diese Bewegung machst, bist Du in Sekunden vollkommen entspannt."

Oder in verkürzter Form:

„Suche Dir eine gut erreichbare Stelle an Deinem Unterarm. Kneife Dich dort deutlich spürbar und merke Dir diese Stelle ganz genau. Immer, wenn Du künftig diese Bewegung machst, bist Du in Sekunden vollkommen entspannt."

11.2 Metamodelling:

Mit dieser Methode ist es möglich, das Erreichen eines Zustandes oder Zieles in der Vorstellung vorwegzunehmen. Das heißt, Sie stellen sich vor, Sie haben Ihr Ziel bereits erreicht – in der Vorstellung als Bild oder Film in Verbindung mit den angenehmen Gefühlen, die dabei auftreten.

Diese Methode ist der „Wunderfrage" nach Steve de Shazer ähnlich, die ich bevorzuge und in den Übungsanleitungen weiter unten anwende.

12. Lösungsorientierte Kurzzeittherapie und die Wunderfrage

Die lösungsorientierte Kurzzeittherapie, auch lösungsfokussierte Kurzzeittherapie, (englisch: Solution Focused Brief Therapy) ist eine spezielle Art der Gesprächstherapie, die von den Psychotherapeuten Steve de Shazer und Insoo Kim Berg 1982 erstmals vorgestellt wurde. Sie geht von dem Standpunkt aus, dass es hilfreicher ist, sich auf Wünsche, Ziele, vorhandene Ressourcen, Ausnahmen vom Problem (was funktioniert bereits, positive Erfahrungen) zu konzentrieren anstatt auf Probleme und deren Entstehung.

Die zentrale Voraussetzung jeder Beratung ist die Erwartung, dass sich etwas verändern und verbessern kann. Lösungsfokussierte Beratung geht davon aus, dass Veränderungsprozesse unvermeidbar sind und sich <u>fortwährend</u> ereignen.

Gestützt wird diese Annahme durch aktuelle Forschungsergebnisse der Hirnforschung, insbesondere dem Konzept der Neuroplastizität: Diese besagt, dass das Gehirn seine Struktur und seine damit zusammenhängende Funktion aufgrund des permanenten Lernens laufend verändert, der gemachten Erfahrung anpasst. So besteht Lernen in der Verstärkung synaptischer Verbindungen zwischen neuronalen Verbindungen im Gehirn.

Die <u>Konzentration auf Lösungen und Ziele</u> kann in Entspannungsverfahren mittels der „Wunderfrage" genutzt werden.

12.1 Die Wunderfrage nach Steve de Shazer

Wenn Sie die Wunderfrage anwenden wollen, überlegen Sie sich am besten vor der Durchführung des Entspannungstrainings ein konkretes Ziel, das für Sie positiv, attraktiv und realisierbar ist. Je genauer Sie sich das Ziel vorstellen können – als etwas, das Sie erleben (in einem Bild oder Film) -, desto eher verwirklicht es sich.

Die Wunderfrage nach de Shazer lautet:
„Stell Dir vor, es ist Abend und Du gehst schlafen. Über Nacht ist ein Wunder geschehen. Während Du geschlafen hast, ist dieses Wunder geschehen, ohne dass Du etwas dafür tun musstest. Als Du am nächsten Morgen erwachst, hast Du Dein Ziel … wie durch ein Wunder erreicht. In dem Wissen, dass Du Dein Ziel erreicht hast: Was würdest Du als erstes tun?"

13. Welcher Entspannungstyp sind Sie?

13.1 Aktiv oder passiv

Welcher Typ Mensch sind Sie?

Sind Sie am liebsten aktiv, in Bewegung?

Oder genießen Sie es, einige Zeit in Ruhe still zu sitzen und einem Tagtraum nachzuhängen?

Das wissen die meisten Menschen schon ziemlich genau. Sie können selbst am besten einschätzen, ob Sie ein aktives oder passives Training bevorzugen.

Wählen Sie selbst oder probieren Sie es einfach aus.

Falls Sie Zweifel bei der Einschätzung haben sollten, können Sie den **Fragebogen** zum Entspannungstyp, den Sie im Anhang finden, als Hilfe nutzen.

13.2 Wahl des Entspannungsverfahrens

Für aktiv orientierte Menschen empfehle ich den Einstieg in die Entspannungsverfahren mit der Progressiven Muskelentspannung (PMR) und einem Achtsamkeitstraining.

Personen, die gerne längere Zeit in Ruhe verweilen, sollten mit dem Autogenen Training (AT) beginnen. Das Autogene Training ist übrigens eine hervorragende Vorbereitung für die Selbsthypnose, die Sie vielleicht auch interessiert.

Die Stabilisierungsverfahren und Phantasiereisen kann ich allen Interessierten unabhängig von den oben genannten Ausführungen sehr empfehlen.

14. Wie Sie die Trainings optimal für sich nutzen

Entscheiden Sie anhand Ihres individuellen Empfindens, welcher Entspannungstyp Sie sind. Falls Sie Zweifel haben sollten, können Sie gerne den Fragebogen zum Entspannungstyp nutzen, den Sie im Anhang finden. Letztendlich liegt es bei Ihnen: nur Sie können einschätzen, was Ihnen gut tut – oder probieren Sie es einfach aus.

Entspannungstrainings sind in erster Linie eine Wahrnehmungsschulung. Im Laufe der Zeit werden Sie mit zunehmender Übung eine erheblich bessere Wahrnehmung Ihres körperlichen, mentalen und psychischen Wohlbefindens erreichen.

Sie können die Trainings auch aufeinander aufbauend nutzen, beginnend mit der PMR und Achtsamkeitsübungen. Wenn Ihnen diese vertraut sind, könnten Sie mit AT weitermachen. Das sind natürlich nur Vorschläge; die Entscheidung liegt bei Ihnen.

Wichtig für alle Entspannungstrainings ist: Üben Sie Sie regelmäßig!

2 bis 3 Mal pro Woche mindestens, 1 Mal täglich wäre optimal.

Die Stabilisierungsübungen und Phantasiereisen können von Ihnen zusätzlich genutzt werden, insbesondere wenn Sie unter Ängsten, Unsicherheiten und/oder Selbstzweifeln leiden. Hierfür empfehle ich Ihnen einmal pro Woche – vorzugsweise am Wochenende, wenn Sie ausreichend Zeit haben – eine halbe Stunde für eine der Übungen regelmäßig zu reservieren.

Im Anhang finden Sie den Stresstest, mit dem Sie Ihr individuelles Stressniveau ermitteln können. Weitere Arbeitsblätter, wie zum Beispiel Protokolle zur Nachbereitung sind ebenfalls im Anhang zu finden.

14.1 Jeweiliger Aufbau pro Übungsanleitung:

In den Hinweiskästen zu Anfang einer jeden Übungsanleitung finden Sie die folgenden Informationen:

Vorbereitungen
- Ziel:
- Dauer:
- Hilfsmittel:

Danach folgt die Anleitung des jeweiligen Entspannungstrainings.

Am Ende der Übungsanleitungen gebe ich Ihnen noch hilfreiche **Tipps**, die Sie zusätzlich beachten können. Alle **Tipps** sind im Anhang noch einmal gesammelt aufgelistet.

14.2 Wichtige Hinweise vor den Trainings

Die Ansprache:

Die Ansprache in den Anleitungen erfolgt der Einfachheit halber bei dem überwiegenden Teil der Übungen in der Du-Form.

Nur beim Autogenen Training (AT) verwende ich die Ich-Form, da Sie sich selbst die ausgewählten Ruheformeln (Autosuggestionen) innerlich sagen.

Umgang mit Störungen:

Auf jeden Fall braucht sich niemand Gedanken machen, wenn irgendwas auftritt, was ihn stört. Wenn es juckt, dann kratzen Sie sich; wenn Sie schlucken müssen, machen Sie es; verändern Sie Ihre Sitzposition, wenn Ihnen danach ist. Einströmende Gedanken, Zuckungen einzelner Muskeln oder Muskelgruppen, Augenflattern, Husten, Schlucken, Magengrummeln, Müdigkeit usw. sind völlig normal – lassen Sie es einfach geschehen und vorbei ziehen.

14.3 Beenden der Übungen:

In jeder Übungsanleitung kündige ich das Beenden der Entspannungsübung an, damit Sie langsam wieder in den Alltag zurückkehren können und entspannt, gestärkt und hellwach sind.

Rücknahme:
„Wir beenden jetzt die Entspannung.
Ich werde jetzt gleich langsam von 5 bis 1 rückwärts zählen. Wenn ich bei 1 angekommen bin, öffnen Sie die Augen, sind wieder ganz hellwach und fühlen sich gut.
Und 5 … komme zurück in diesen Raum und spüre den Sessel/Stuhl unter Dir.
Und 4 … strecke Deine Arme und Beine
Und 3 … bewege Deinen Kopf hin und her
Und 2 … atme tief ein und aus, Dein Blutdruck steigt
Und 1 … öffne Deine Augen; Du bist wieder ganz im Hier und Jetzt.“

14.4 Tipps für das regelmäßige Üben von Entspannungsverfahren

1. Planen Sie regelmäßig Zeit für sich zum Üben ein.
2. Handhaben Sie das Entspannungstraining genauso, wie Sie regelmäßig Sport treiben oder Nahrung zu sich nehmen; legen Sie konkrete Termine fest.
3. Falls Sie Schwierigkeiten haben, zum Beispiel nach der Arbeit „runter zu kommen", bewegen Sie sich zunächst durch den Raum. Lassen Sie die Erlebnisse des Alltages an Ihnen vorüberziehen (anschauen und gehen lassen).
Setzen Sie bewusst einen Fuß nach dem anderen. Spüren Sie in sich hinein: Wie setzen meine Füße auf? Wie fühlt sich mein Körper an? Gähnen Sie und strecken Sie sich, wenn Sie mögen.
4. Gewöhnen Sie Ihren Geist und Körper an den Zustand der Entspannung:
   - ✓ Gleiche Zeit(en)
   - ✓ Gleicher Ort
   - ✓ Gleiche Bedingungen (Ruhe, Wärme; ein Ort, wo Sie sich sicher fühlen)
   - ✓ Das gleiche Ruhebild (z.B. Meer, See, Berge, Wiese, Blumen)
   - ✓ Die gleiche Hintergrundmusik (wenn Sie das mögen)
   - ✓ Immer an **derselben Stelle des Körpers** den Anker setzen und auch **genau dort im Alltag** bei Bedarf aktivieren.
5. Bitten Sie ggf. Ihre Familienmitglieder um Rücksicht und Unterstützung.
6. Gehen Sie fürsorglich mit sich um – achten Sie frühzeitig auf Ihre Bedürfnisse, sodass Sie rechtzeitig für Ausgleich sorgen können.

15. Trainings und Übungen

15.1 Drei-Minuten-Kurzentspannung

> **Vorbereitungen**
> - Ziel: „Kurzentspannung durch Fokussierung"
> - Dauer: 3 Minuten
> - Hilfsmittel: angenehme Musik, wenn Sie mögen

Setze Dich auf einen Stuhl oder Sessel; oder auf eine Bank im Park.

Nimm eine bequeme Position ein.

Sorge dafür, dass beide **Füße stabil** auf dem **Boden** stehen und ein **guter Kontakt** zur Erde/zum Boden besteht.

Lege Deine **Hände** bequem auf Deine **Oberschenkel** ab.

Bleibe nun absolut **bewegungslos sitzen**.

Richte Deine **Aufmerksamkeit auf einen Punkt** oder Gegenstand vor Dir. Das kann ein Bild, eine Kerze oder ein Punkt an der Wand oder im Park auf einen Baum sein.

Halte die Aufmerksamkeit darauf – **fokussiere**.

Bleibe **bewegungslos sitzen** und halte den **Blick fest** auf den Gegenstand.

Atme ein und atme aus.

Bleibe weiterhin **bewegungslos sitzen** und **warte ab**.

Spüre, wie Du Dich **entspannst**.

Spüre, wie Du **loslässt**.

Halte die Aufmerksamkeit auf den Gegenstand vor Dir und bleibe bewegungslos sitzen.

Genieße diesen Zustand der **Fokussierung** und **Entspannung** einige Minuten.

…………

Atme tief ein und aus.

Bewege Deine **Augen**, lass den Blick wandern.

Nun strecke Dich und spüre Deine Muskeln.

Atme noch einmal tief ein und aus.

Du bist nun gelassen und erfrischt, und kannst Dich wieder dem Hier und Jetzt zuwenden.

> **!** **TIPP:**
> - Konzentrieren Sie sich auf die Atmung und denken sie beim Atmen „ich atme ein" und „ich atme aus", falls es beim ersten Mal nicht so recht klappen sollte.
> - Die einfachste und sehr wirkungsvolle Autosuggestion, die Sie bei der 3-Minuten-Kurzentspannung anwenden können, lautet: **„Es geht mir mit jedem Tag besser und besser."** Wiederholen Sie diese, solange Sie die Übung durchführen.
> - Diese Übung können Sie jederzeit auf der Arbeit, unterwegs im Zug, im Park oder zu Hause durchführen – oder wann immer Sie ein paar Minuten Zeit für eine kurze Auszeit haben.

15.2 Progressive Muskelentspannung nach Jacobsen (PMR)

15.2.1 PMR – 16 Muskelgruppen

Vorbereitungen
• Ziel: „Entspannung durch Anspannung"
• Dauer: 30 - 40 Minuten
• Hilfsmittel: angenehme Musik, Naturgeräusche

! Wichtiger Hinweis:
Die Muskeln bitte während der Übung nicht zu 100 % anspannen; eine deutlich spürbare Anspannung von circa 60- 80 % reicht aus!

Setze Dich auf einen Stuhl oder Sessel.

Nimm eine **bequeme Position** ein. Schließ die Augen, wenn Du magst und sei ganz locker. Mach Dir bewusst, wie Du da sitzt...

Geh durch Deinen Körper und **suche** nach **Anspannungen**, nach unbequemen Haltungen...und ändere diese jetzt ab.

Versuche, die **Muskeln** noch etwas mehr **loszulassen** und entspanne so gut wie möglich.

Fühle, wie die **Füße** auf dem **Boden** stehen, spüre Deine Unterschenkel, die **Knie**, die **Oberschenkel**, spüre, wo die Oberschenkel die Sitzfläche berühren – wie fühlt sich das **Gesäß** an? Sind die unteren **Rückenmuskeln** entspannt? Ist der **Bauch** entspannt? Fühle, wie der Rücken an der Stuhllehne anliegt. Überprüfe, ob die **Schultern** locker nach unten hängen und ob Deine **Arme** ganz entspannt auf den Oberschenkeln aufliegen. Die **Gesichtsmuskeln** lässt Du auch los, überprüfe ob der **Unterkiefer** locker ist, ob die **Augenlieder** ganz entspannt aufeinander liegen...Sei ganz **locker** und **lasse** alles **los**.

Du bist jetzt ganz ruhig und entspannt.

Wir werden gleich mit der Übung beginnen und Du wirst die Muskelgruppen, die ich anspreche, dann anspannen. Wenn ich „spanne an" sage,... konzentriere dich bitte auf das Gefühl der Anspannung und wenn ich „lass los" und „atme aus" sage, lass wieder locker. Entspanne die Muskulatur und fühle nach, wie sich der Unterschied zur Anspannung anfühlt.

Entspannung der Arme:

Lenke Deine Aufmerksamkeit nun auf Deinen **rechten (dominanten) Arm**. Balle Deine Hand zur Faust und „spanne an". Halte die Spannung und achte auf das Spannungsgefühl in der Hand und im Unterarm... Anspannung (etwa 5 Sekunden)

Und „lass los" und „atme aus". Lass die Hand wieder ganz locker werden. Lass den Unterarm ganz bequem und ganz entspannt aufliegen...

Spüre das Gefühl der Entspannung in der Hand...und im Unterarm.

Nimm Dir die Zeit, damit die Muskeln noch ein wenig mehr entspannen können...

Lass einfach los... Entspannung (etwa 30 Sekunden)

Widme Deine Aufmerksamkeit nun **Deinem Oberarm**. Beuge Deinen Arm und „spanne an" an. Lass die Hand dabei offen und möglichst locker. Halte die Spannung und achte auf das Spannungsgefühl im Oberarm... Anspannung (etwa 5 Sekunden)

Und „lass los" und „atme aus". Lass den Unterarm wieder ganz locker auf dem Oberschenkel aufliegen. Spüre das Gefühl der Entspannung im Oberarm.

Nimm Dir die Zeit, damit die Muskeln noch ein wenig mehr entspannen können...

Lass einfach los... Entspannung (etwa 30 Sekunden)

Vielleicht spürst Du jetzt ein angenehmes Gefühl der **Schwere** und **Wärme** in Deinem **Arm**. Du bist ganz ruhig und entspannt.

Lenke Deine Aufmerksamkeit nun auf Deinen **linken (anderen) Arm**. Balle Deine Hand zur Faust und „**spanne an**". Halte die Spannung und achte auf das Spannungsgefühl in der Hand und im Unterarm... Anspannung (etwa 5 Sekunden)

Und „**lass los**" und „**atme aus**". Lass die Hand wieder ganz locker werden. Lass den Unterarm ganz bequem und ganz entspannt aufliegen...

Spüre das Gefühl der Entspannung in der Hand…und im Unterarm.

Nimm Dir die Zeit, damit die Muskeln noch ein wenig mehr entspannen können...

Lass einfach los… Entspannung (etwa 30 Sekunden)

Widme Deine Aufmerksamkeit nun **Deinem Oberarm**. Beuge Deinen Arm und „**spanne an**" an. Lass die Hand dabei offen und möglichst locker. Halte die Spannung und achte auf das Spannungsgefühl im Oberarm… Anspannung (etwa 5 Sekunden)

Und „**lass los**" und „**atme aus**". Lass den Unterarm wieder ganz locker auf dem Oberschenkel aufliegen. Spüre das Gefühl der Entspannung im Oberarm.

Nimm Dir die Zeit, damit die Muskeln noch ein wenig mehr entspannen können...

Lass einfach los… Entspannung (etwa 30 Sekunden)

Vielleicht spürst Du jetzt ein angenehmes Gefühl der **Schwere** und **Wärme** in Deinen **Armen**. Du bist ganz ruhig und entspannt.

Entspannung des Gesichts:

Geh mit Deiner Aufmerksamkeit nun zu Deinen oberen Gesichtsmuskeln. Ziehe Deine **Augenbrauen** nach oben und runzele die **Stirn**. Und „**spanne an**". Achte auf die Spannung in der Stirn … Anspannung (etwa 5 Sekunden)

Und „**lass los**" und „**atme aus**". Lass vollständig los. Gönn den Muskeln die Zeit, sich ganz zu lösen, und der Stirn, ganz glatt zu sein.

Achte auf das angenehme Gefühl der Lockerung in den Stirnmuskeln...

Lass einfach los…. Entspannung (etwa 30 Sekunden)

Wende nun Deine Konzentration auf die mittleren Gesichtsmuskeln.

Kneife Deine **Augen** bitte leicht zusammen und rümpfe Deine Nase. Und bitte „**spanne an**" und achte auf die Spannung im Bereich der Augen... Anspannung (etwa 5 Sekunden)

Und „**lass los**" und „**atme aus**". Lass wieder vollständig los. Erlaube Deinen Gesichtsmuskeln, sich ganz zu lösen und spür das angenehme Gefühl der Lockerung der Muskeln...

Nimm Dir die Zeit, damit die Muskeln noch ein wenig mehr entspannen können...

Lass einfach los… Entspannung (etwa 30 Sekunden)

Konzentriere Dich nun auf Deine unteren Gesichtsmuskeln.

Beiße bitte leicht die **Zähne** zusammen und ziehe dabei die **Mundwinkel** nach hinten. Und bitte „**spanne an**". Halte die Spannung und achte auf das Gefühl in den Kiefermuskeln… Anspannung (etwa 5 Sekunden)

Und „**lass los**" und „**atme aus**". Lass wieder vollständig los. Erlaube Deinen Muskeln, sich ganz zu lösen, und der Kieferpartie, ganz locker zu sein. Achte auf das angenehme Gefühl der Lockerung und Lösung der Muskeln. Versuche die Zähne leicht voneinander zu lösen und den Unterkiefer locker hängen zu lassen.

Lass einfach los… Entspannung (etwa 30 Sekunden)

Nacken und Schultern/obere Rückenmuskulatur

Konzentriere Deine Aufmerksamkeit nun auf Deinen **Nacken**. Drücke Deinen Kopf gegen die Brust und achte auf das Spannungsgefühl im Bereich des Halses...

Und bitte „**spanne an**". Spüre die Anspannung im Nacken... Anspannung (etwa 5 Sekunden)

Und „**lass los**" und „**atme aus**". Lass wieder vollständig los. Der Kopf findet in eine angenehme Position zurück. Erlaube Deinen Muskeln, sich ganz zu lösen.....

Fühle dem Gefühl der angenehmen Entspannung nach und verinnerliche es. Genieße das Gefühl der Lockerung und Lösung.

Lass einfach los... Entspannung (etwa 30 Sekunden)

Wende dich nun den **Schultern** und der **oberen Rückenmuskulatur** zu. Ziehe Deine Schultern hoch und dann nach hinten. Versuche die Schulterblätter hinten zusammen zu drücken. Und bitte „**spanne an**". Spüre die Spannung in den Schultern und achte auf das Spannungsgefühl... Anspannung (etwa 5 Sekunden)

Und „**lass los**" und „**atme aus**". Lass die Schultern wieder locker nach unten hängen. Genieße das angenehme Gefühl der Lockerung und Lösung. Fühle der Entspannung nach... Lass einfach los... Entspannung (etwa 30 Sekunden)

Vielleicht spürst Du ein angenehmes Gefühl der Schwere und Wärme in Deinem Schulter- und Nackenbereich. Du bist ganz ruhig und entspannt, die Atmung ist ruhig und gleichmäßig.

Brustmuskeln:

Deine Aufmerksamkeit wandert nun zu Deinen **Brustmuskeln**. Spüre, wie sich diese anfühlen. Drücke Deine Handinnenflächen in Höhe Deiner Brust gegeneinander. Und bitte „**spanne an**". Achte nun auf das Spannungsgefühl in Deinen Brustmuskeln...

Anspannung (etwa 5 Sekunden)

Und „**lass los**" und „**atme aus**".. Lass wieder locker. Die Arme liegen wieder auf den Oberschenkeln. Spür das angenehme Gefühl der Lockerung und Lösung. Fühle der Entspannung nach... Lass einfach los... Entspannung (etwa 30 Sekunden)

Bauchmuskeln:

Bitte wandere mit Deiner Aufmerksamkeit etwas tiefer und spüre wie sich der **Bauch** anfühlt. Wölbe Deinen Bauch nach außen oder ziehe ihn ein, je nachdem, was Dir lieber ist. Und bitte „**spanne an**". Spüre die Anspannung in Deinen Bauchmuskeln...

Anspannung (etwa 5 Sekunden)

Und „**lass los**" und „**atme aus**". Lass den Bauch wieder locker. Erlaube Deinen Bauchmuskeln, sich vollständig zu lösen und weich zu sein.... Merke Dir das Gefühl des spannungsfreien Zustands Deiner Bauchmuskeln... Lass einfach los... Entspannung (etwa 30 Sekunden)

Entspannung der unteren Rückenmuskulatur und Gesäß:

Konzentriere dich nun auf Deine **untere Rückenmuskulatur**. Schiebe Deine Hüfte nach vorne und ziehe die Gesäßmuskeln zusammen. Und bitte „**spanne an**". Achte auf die Anspannung Deiner unteren Rückenmuskulatur. Versuche, noch etwas höher zu sitzen... Anspannung (etwa 5 Sekunden)

Und „**lass los**" und „**atme aus**". Lass die Hüfte wieder nach hinten sinken...Spür die Lockerung und Entspannung in der unteren Rückmuskulatur und im Gesäß und genieße das angenehme Gefühl...Lass einfach los... Entspannung (etwa 30 Sekunden)

Spür noch einmal nach, wie sich Dein Oberkörper anfühlt. Wie fühlt sich der Nacken an,... die Schulterpartie, ...die oberen Rückenmuskeln,....die Brustmuskeln,....der Bauch,...die untere Rückenmuskulatur...und die Gesäßmuskeln?

Vielleicht spürst Du ein angenehmes Gefühl der Schwere und Wärme in Deinem Oberkörper. Du bist ganz ruhig und entspannt. Deine Atmung ist ruhig und gleichmäßig.

Beine: rechter/dominanter Oberschenkel

Wende Deine Aufmerksamkeit nun zu Deinem **rechten (dominanten) Oberschenkel.**

Spür, wie er auf der Sitzfläche aufliegt… Und nun strecke das Bein und „**spanne an**". Lass den Fuß dabei möglichst locker hängen. Spür die Anspannung in Deinem Oberschenkel… Anspannung (etwa 5 Sekunden)

Und „**lass los**" und „**atme aus**". Lass die Entspannung in Deinen Oberschenkel fließen. Spür den Unterschied…und genieße das angenehme Gefühl… Lass einfach los… Entspannung (etwa 30 Sekunden)

Rechter/dominanter Unterschenkel:

Bitte wende Deine Konzentration nun Deinem **Unterschenkel** zu. Spür Deine Wadenmuskulatur, das Schienbein…Wie fühlt es sich an?

Nun ziehe bitte zu zuerst die Zehen nach oben und hebe dann leicht die Ferse an.

Und bitte „**spanne an**". Spür die Anspannung in Deinem Unterschenkel…

Anspannung (etwa 5 Sekunden)

Und „**lass los**" und „**atme aus**". Lass die Entspannung in Deinen Unterschenkel fließen. Spür den Unterschied….und genieße das angenehme Gefühl der Entspannung… Lass einfach los… Entspannung (etwa 30 Sekunden)

Rechter/dominanter Fuß:

Lenke Deine Aufmerksamkeit nun auf Deinen **Fuß**. Stelle Dir vor, dass neben Deinem Fuß an der Innenseite ein Tennisball liegt. Kippe Deinen Fuß nun leicht zur Außenseite und versuche, den Ball mit Deinen Zehen zu greifen und festzuhalten.

Und bitte „**spanne an**". Halte den Ball ganz fest. Spür die Anspannung in Deinem Fuß… Anspannung (etwa 5 Sekunden)

Und „**lass los**" und „**atme aus**". Lass den Ball wieder los und spür, wie die Entspannung in Deinen Fuß zurückkehrt. Genieße das angenehme Gefühl. Lass einfach los… Entspannung (etwa 30 Sekunden)

Vielleicht spürst Du nun ein angenehmes Gefühl der Schwere und Wärme in Deinem Bein. Du bist ganz ruhig und entspannt, die Atmung ist ruhig und gleichmäßig.

Anderes Bein: linker/anderer Oberschenkel

Wende Deine Aufmerksamkeit nun zu Deinem **linken (anderen) Oberschenkel.**

Spür, wie er auf der Sitzfläche aufliegt… Und nun strecke das Bein und „**spanne an**". Lass den Fuß dabei möglichst locker hängen. Spür die Anspannung in Deinem Oberschenkel… Anspannung (etwa 5 Sekunden)

Und „**lass los**" und „**atme aus**". Lass die Entspannung in Deinen Oberschenkel fließen. Spür den Unterschied…und genieße das angenehme Gefühl… Lass einfach los… Entspannung (etwa 30 Sekunden)

Linker/anderer Unterschenkel:

Bitte wende Deine Konzentration nun Deinem **Unterschenkel** zu. Spür Deine Wadenmuskulatur, das Schienbein…Wie fühlt es sich an?

Nun ziehe bitte zu zuerst die Zehen nach oben und hebe dann leicht die Ferse an.

Und bitte „**spanne an**". Spür die Anspannung in Deinem Unterschenkel.

Anspannung (etwa 5 Sekunden)

Und „**lass los**" und „**atme aus**". Lass die Entspannung in Deinen Unterschenkel fließen. Spür den Unterschied….und genieße das angenehme Gefühl der Entspannung… Lass einfach los… Entspannung (etwa 30 Sekunden)

Linker/anderer Fuß:

Lenke Deine Aufmerksamkeit nun auf Deinen **Fuß**. Stelle Dir vor, dass neben Deinem Fuß an der Innenseite ein Tennisball liegt. Kippe Deinen Fuß nun leicht zur Außenseite und versuche, den Ball mit Deinen Zehen zu greifen und festzuhalten.

Und bitte „**spanne an**". Halte den Ball ganz fest. Spür die Anspannung in Deinem Fuß... Anspannung (etwa 5 Sekunden)

Und „**lass los**" und „**atme aus**". Lass den Ball wieder los und spür, wie die Entspannung in Deinen Fuß zurückkehrt. Genieße das angenehme Gefühl. Lass einfach los... Entspannung (etwa 30 Sekunden)

Vielleicht spürst Du nun ein angenehmes Gefühl der **Schwere** und **Wärme** in Deinem Bein. Du bist ganz ruhig und entspannt, die Atmung ist ruhig und gleichmäßig.

Dein ganzer Körper fühlt sich nun schwer und wohlig warm an. Genieße das angenehme Gefühl... Lass einfach los.

Positive Erinnerung/Bild vorstellen:

Jetzt bleibe ruhig mit geschlossenen Augen sitzen. Bleibe in Deiner Mitte und stelle Dir ein für Dich beruhigendes Bild vor. Eine schöne Erinnerung, wie zum Beispiel ein schöner Ort mit wundervollen Farben, angenehmen Geräuschen, einem wohltuenden Duft, etwas, was Dir gut tut und genieße die Ruhe und die Entspannung.

– circa 1 1/2 Minuten Pause –

Anker setzen:

Suche Dir eine gut erreichbare **Stelle** an Deinem **Unterarm**. **Kneife** Dich **dort** deutlich spürbar und **merke** Dir diese Stelle ganz **genau**. **Immer**, wenn Du **künftig** diese **Bewegung** machst, bist Du in Sekunden vollkommen **entspannt**.

Rücknahme:

Wir beenden jetzt die Entspannung.

Ich werde jetzt gleich langsam von 5 bis 1 rückwärts zählen. Wenn ich bei 1 angekommen bin, öffnest Du Deine Augen, bist wieder ganz hellwach und fühlst Dich gut.

Und 5 ... komme zurück in diesen Raum und spüre den Sessel/Stuhl unter Dir.

Und 4 ... strecke Deine Arme und Beine

Und 3 ... bewege Deinen Kopf hin und her

Und 2 ... atme tief ein und aus, Dein Blutdruck steigt

Und 1 ... öffne Deine Augen; Du bist wieder ganz im Hier und Jetzt.

!

TIPP:

- Folgende Vorübung können Sie zum Testen vor der PMR durchführen: Eine Faust ballen, mit circa 50 % Anspannung, sodass die Spannung in den Muskeln deutlich spürbar ist. Nach 5 Sekunden loslassen und dem Unterschied zwischen Anspannung und Entspannung nachspüren.
- Die Muskeln bitte während der Übung nicht zu 100 % anspannen; eine deutlich spürbare Anspannung von circa 60- 80 % reicht aus!
- Üben Sie die 16 Muskelgruppen mindestens 1 x pro Woche.
- Trainieren Sie PMR mindestens 2 – 3 Mal wöchentlich! Je häufiger Sie trainieren, desto schneller können Sie abschalten und sich an den Entspannungszustand gewöhnen.
- Nutzen Sie den „Anker" regelmäßig im Alltag und erneuern Sie ihn bei jedem Training.

15.2.2 PMR – 7 Muskelgruppen

> **Vorbereitungen**
> - Ziel: „Entspannung durch Anspannung"
>   – Verkürzung auf 7 Muskelgruppen –
> - Dauer: 20 - 25 Minuten
> - Hilfsmittel: angenehme Musik, Naturgeräusche

Setze Dich auf einen Stuhl oder Sessel.

Nimm eine **bequeme Position** ein. Schließ die Augen, wenn Du magst und sei ganz locker. Mach Dir bewusst, wie Du da sitzt...

Geh durch Deinen Körper und **suche** nach **Anspannungen**, nach unbequemen Haltungen...und ändere diese jetzt ab.

Versuche, die **Muskeln** noch etwas mehr **loszulassen** und entspanne so gut wie möglich.

Fühle, wie die **Füße** auf dem **Boden** stehen, spüre Deine Unterschenkel, die **Knie**, die **Oberschenkel**, spüre, wo die Oberschenkel die Sitzfläche berühren – wie fühlt sich das **Gesäß** an? Sind die unteren **Rückenmuskeln** entspannt? Ist der **Bauch** entspannt? Fühle, wie der Rücken an der Stuhllehne anliegt. Überprüfe, ob die **Schultern** locker nach unten hängen und ob Deine **Arme** ganz entspannt auf den Oberschenkeln aufliegen. Die **Gesichtsmuskeln** lässt Du auch los, überprüfe ob der **Unterkiefer** locker ist, ob die **Augenlieder** ganz entspannt aufeinander liegen...Sei ganz **locker** und **lasse** alles **los**.

Du bist jetzt ganz ruhig und entspannt.

Wir werden gleich mit der Übung beginnen und Du wirst die Muskelgruppen, die ich anspreche, dann anspannen. Wenn ich „**spanne an**" sage,... konzentriere dich bitte auf das Gefühl der Anspannung und wenn ich „**lass los**" und „**atme aus**" sage, lass wieder locker. Entspanne die Muskulatur und fühle nach, wie sich der Unterschied zur Anspannung anfühlt.

Rechter (dominanterer) ganzer Arm:

Lenke Deine Aufmerksamkeit nun auf Deinen **rechten (dominanteren) Arm**. Balle Deine Hand zur Faust, beuge den Arm und spanne die Oberarmmuskulatur an. Und bitte „**spanne an**" und halte die Spannung. Achte auf das Spannungsgefühl in Deinem Arm... Anspannung (etwa 5 Sekunden)

Und „**lass los**" und „**atme aus**". Lass die Hand wieder ganz locker werden. Lass den Arm ganz bequem und ganz entspannt aufliegen...

Spüre das Gefühl der Entspannung in der Hand... im Unterarm... und im Oberarm.

Nimm Dir die Zeit, damit die Muskeln noch ein wenig mehr entspannen können...

Lass einfach los... Entspannung (etwa 30 Sekunden)

Vielleicht spürst Du jetzt ein angenehmes Gefühl der Schwere und Wärme in Deinem Arm. Du bist ganz ruhig und entspannt.

Linker (anderer) ganzer Arm:

Lenke Deine Aufmerksamkeit nun auf Deinen **linken (anderen) Arm**. Balle Deine Hand zur Faust, beuge den Arm und spanne die Oberarmmuskulatur an. Und bitte „**spanne an**" und halte die Spannung. Achte auf das Spannungsgefühl in Deinem Arm... Anspannung (etwa 5 Sekunden)

Und „**lass los**" und „**atme aus**". Lass die Hand wieder ganz locker werden. Lass den Arm ganz bequem und ganz entspannt aufliegen...

Spüre das Gefühl der Entspannung in der Hand... im Unterarm... und im Oberarm.

Nimm Dir die Zeit, damit die Muskeln noch ein wenig mehr entspannen können...

Lass einfach los... Entspannung (etwa 30 Sekunden)

Vielleicht spürst Du jetzt ein angenehmes Gefühl der Schwere und Wärme in Deinen Armen. Du bist ganz ruhig und entspannt.

Entspannung des Gesichts:

Geh mit Deiner Aufmerksamkeit nun zu Deinen Gesichtsmuskeln. Ziehe Deine **Augenbrauen** nach oben, runzele die **Stirn**, beiße die **Zähne** leicht zusammen und ziehe dabei die **Mundwinkel** nach hinten. Und „spanne an". Achte auf die Spannung in Deinem Gesicht ... Anspannung (etwa 5 Sekunden)

Und „lass los" und „atme aus". Lass vollständig los. Gönn den Muskeln in Deinem Gesicht die Zeit, sich ganz zu lösen. Die Stirn ist ganz glatt, die Augen liegen ruhig in ihren Höhlen, der Unterkiefer hängt ganz locker, sodass ein Zwischenraum zwischen den Zähnen entsteht.

Achte auf das angenehme Gefühl der Lockerung in den Gesichtsmuskeln...

Lass einfach los.... Entspannung (etwa 30 Sekunden)

Du bist ganz ruhig und entspannt.

Nacken:

Konzentriere Deine Aufmerksamkeit nun auf Deinen **Nacken**. Drücke Deinen Kopf gegen die Brust und achte auf das Spannungsgefühl im Bereich des Halses und die Dehnung im Nacken...

Und bitte „spanne an". Halte die Spannung...

Anspannung (etwa 5 Sekunden)

Und „lass los" und „atme aus". Lass wieder vollständig los. Der Kopf findet in eine angenehme Position zurück. Erlaube Deinen Muskeln, sich ganz zu lösen.....

Fühle dem Gefühl der angenehmen Entspannung nach und verinnerliche es. Genieße das Gefühl der Lockerung und Lösung. Lass einfach los...

Entspannung (etwa 30 Sekunden)

Vielleicht spürst Du jetzt ein angenehmes Gefühl der Schwere und Wärme in Deinem Nacken. Du bist ganz ruhig und entspannt.

Rumpf (Schultern, Rücken, Bauch):

Lenke Deine Aufmerksamkeit nun zu den **Schultern**, der **oberen Rückenmuskulatur** und Deinem **Bauch**. Ziehe Deine Schultern hoch und dann nach hinten und ziehe gleichzeitig den Bauch ein. Versuche die Schulterblätter hinten zusammen zu drücken. Und bitte „spanne an". Spüre die Spannung in den Schultern und im Bauch. Achte auf das Spannungsgefühl... Anspannung (etwa 5 Sekunden)

Und „lass los" und „atme aus". Lass die Schultern wieder locker nach unten hängen und löse den Bauch. Genieße das angenehme Gefühl der Lockerung und Lösung. Fühle der Entspannung nach... Lass einfach los... Entspannung (etwa 30 Sekunden)

Vielleicht spürst Du ein angenehmes Gefühl der Schwere und Wärme in Deinen Schultern und im Rücken. Auch der Bauch ist wohlig warm.

Du bist ganz ruhig und entspannt, die Atmung ist ruhig und gleichmäßig.

Rechtes (dominantes) ganzes Bein:

Und wende Deine Aufmerksamkeit nun zu Deinem rechten (dominanten Bein).

Wenn Du jetzt mit Deiner Konzentration in Deinem Bein bist, dann fühle Deinen **Fuß**,...spüre Deinen **Unterschenkel**, die Wade, das Schienbein,... wie fühlt sich das **Knie** an?, ...und wende Dich nun Deinem **Oberschenkel** zu.

Spüre wie er auf der Sitzfläche aufliegt… und wenn ich „spanne an" sage, dann ziehst Du die Zehen nach oben und spannst gleichzeitig den Oberschenkel an.

Und bitte „**spanne an**". Spüre die Anspannung in Deinem Fuß, in der Wade, am Schienbein und im Oberschenkel. Halte die Spannung…

Anspannung (etwa 5 Sekunden)

Und „**lass los**" und „**atme aus**". Lass die Entspannung in Deinen Oberschenkel, Deiner Wade und in den Fuß fließen. Spür den Unterschied…und genieße das angenehme Gefühl… Lass einfach los… Entspannung (etwa 30 Sekunden)

Vielleicht spürst Du nun ein angenehmes Gefühl der Schwere und Wärme in Deinem Bein. Du bist ganz ruhig und entspannt, die Atmung ist ruhig und gleichmäßig.

Linkes (anderes) ganzes Bein:

Lenke Deine Aufmerksamkeit nun zu Deinem linken (anderen) Bein.

Wenn Du jetzt mit Deiner Konzentration in Deinem Bein bist, dann fühle Deinen **Fuß**,…spüre Deinen **Unterschenkel**, die Wade, das Schienbein,… wie fühlt sich das Knie an?, …und wende Dich nun Deinem **Oberschenkel** zu.

Spüre wie er auf der Sitzfläche aufliegt… und wenn ich „spanne an" sage, dann ziehst Du die Zehen nach oben und spannst gleichzeitig den Oberschenkel an.

Und bitte „**spanne an**". Spüre die Anspannung in Deinem Fuß, in der Wade, am Schienbein und im Oberschenkel. Halte die Spannung…

Anspannung (etwa 5 Sekunden)

Und „**lass los**" und „**atme aus**". Lass die Entspannung in Deinen Oberschenkel, Deiner Wade und in den Fuß fließen. Spür den Unterschied…und genieße das angenehme Gefühl… Lass einfach los… Entspannung (etwa 30 Sekunden)

Vielleicht spürst Du nun ein angenehmes Gefühl der Schwere und Wärme in Deinem Bein. Du bist ganz ruhig und entspannt, die Atmung ist ruhig und gleichmäßig.

Dein ganzer Körper fühlt sich nun schwer und wohlig warm an. Genieße das angenehme Gefühl der Entspannung… Lass einfach los.

Du bist ganz ruhig und entspannt, die Atmung ist ruhig und gleichmäßig.

Positive Erinnerung/Bild vorstellen:

Jetzt bleibe ruhig mit geschlossenen Augen sitzen. Bleibe in Deiner Mitte und stelle Dir ein für Dich beruhigendes Bild vor. Eine schöne Erinnerung, wie z. B. ein schöner Ort mit wundervollen Farben, angenehmen Geräuschen, einem wohltuenden Duft, etwas, was Dir gut tut und genieße die Ruhe und die Entspannung.

– circa 1 1/2 Minuten Pause –

Anker setzen:

Suche Dir eine gut erreichbare **Stelle** an Deinem **Unterarm**. **Kneife** Dich **dort** deutlich spürbar und **merke** Dir diese Stelle ganz **genau**. **Immer**, wenn Du **künftig** diese **Bewegung** machst, bist Du in Sekunden vollkommen **entspannt**.

Rücknahme:

Wir beenden jetzt die Entspannung.

Ich werde jetzt gleich langsam von 5 bis 1 rückwärts zählen. Wenn ich bei 1 angekommen bin, öffnest Du Deine Augen, bist wieder ganz hellwach und fühlst Dich gut.

Und 5 … komme zurück in diesen Raum und spüre den Sessel/Stuhl unter Dir.

Und 4 … strecke Deine Arme und Beine

Und 3 … bewege Deinen Kopf hin und her

Und 2 … atme tief ein und aus, Dein Blutdruck steigt

Und 1 … öffne Deine Augen; Du bist wieder ganz im Hier und Jetzt.

!

TIPP:
- Üben Sie die 7 Muskelgruppen mindestens 1 x pro Woche.
- Planen Sie regelmäßig Zeit für das Üben von PMR ein. Je länger Sie PMR trainieren, desto verkürzter wird das Training. So können Sie zukünftig kurze Auszeiten in Ihren Familien- und Berufsalltag einbauen.
- Überlegen Sie sich mehrere Orte außerhalb Ihrer Wohnung, wo Sie PMR durchführen können (z.B. an Ihrem Arbeitsplatz, auf dem Weg zur Arbeit mit dem ÖPV usw.).
- Nutzen Sie den „Anker" regelmäßig im Alltag und erneuern Sie ihn bei jedem Training.

15.2.3   PMR – 4 Muskelgruppen

Vorbereitungen
- Ziel: „Entspannung durch Anspannung"
                  – Verkürzung auf 4 Muskelgruppen –
- Dauer: 10 – 15 Minuten
- Hilfsmittel: angenehme Musik, Naturgeräusche

Setze Dich auf einen Stuhl oder Sessel.

Nimm eine **bequeme Position** ein. Schließ die Augen, wenn Du magst und sei ganz locker. Mach Dir bewusst, wie Du da sitzt...

Geh durch Deinen Körper und **suche** nach **Anspannungen**, nach unbequemen Haltungen...und ändere diese jetzt ab.

Versuche, die **Muskeln** noch etwas mehr **loszulassen** und entspanne so gut wie möglich.

Fühle, wie die **Füße** auf dem **Boden** stehen, spüre Deine Unterschenkel, die **Knie**, die **Oberschenkel**, spüre, wo die Oberschenkel die Sitzfläche berühren – wie fühlt sich das **Gesäß** an? Sind die unteren **Rückenmuskeln** entspannt? Ist der **Bauch** entspannt? Fühle, wie der Rücken an der Stuhllehne anliegt. Überprüfe, ob die **Schultern** locker nach unten hängen und ob Deine **Arme** ganz entspannt auf den Oberschenkeln aufliegen. Die **Gesichtsmuskeln** lässt Du auch los, überprüfe ob der **Unterkiefer** locker ist, ob die **Augenlieder** ganz entspannt aufeinander liegen...Sei ganz **locker** und **lasse** alles **los**.

Du bist jetzt ganz ruhig und entspannt.

Wir werden gleich mit der Übung beginnen und Du wirst die Muskelgruppen, die ich anspreche, dann anspannen. Wenn ich „**spanne an**" sage,... konzentriere dich bitte auf das Gefühl der Anspannung und wenn ich „**lass los**" und „**atme aus**" sage, lass wieder locker. Entspanne die Muskulatur und fühle nach, wie sich der Unterschied zur Anspannung anfühlt.

Beide Arme:

Lenke Deine Aufmerksamkeit nun auf Deine **beiden Arme**. Balle die Hände zu **Fäusten**, **beuge die Arme** und spanne dabei die **Oberarmmuskeln** an. Und bitte „**spanne an**" und halte die Spannung. Achte auf das Spannungsgefühl in Deinen Armen... Anspannung (etwa 5 Sekunden)

Und „**lass los**" und „**atme aus**". Lass die Hände wieder ganz locker werden. Lass die Arme ganz bequem und entspannt aufliegen…

Spüre das Gefühl der **Entspannung** in den **Händen**… in den **Unterarmen**… und in den **Oberarmen**.

Nimm Dir die Zeit, damit die Muskeln noch ein wenig mehr entspannen können…

Lass einfach los… Entspannung (etwa 30 Sekunden)

Vielleicht spürst Du jetzt ein angenehmes Gefühl der **Schwere** und **Wärme** in Deinen **Armen**.

Du bist ganz ruhig und entspannt.

Gesicht und Nacken:

Geh mit Deiner Aufmerksamkeit nun zu Deinen **Gesichtsmuskeln** und Deinem **Nacken**. Ziehe Deine **Augenbrauen** nach oben, runzele die **Stirn**, beiße die **Zähne** leicht zusammen und ziehe dabei die **Mundwinkel** nach hinten. Drücke dabei Deinen **Kopf** gegen die Brust.

Und bitte „**spanne an**". Halte die Spannung und achte dabei auf das Spannungsgefühl im Gesicht und Bereich des Halses und die Dehnung im Nacken…

Anspannung (etwa 5 Sekunden)

Und „lass los" und „atme aus". Lass wieder vollständig los. Der Kopf findet in eine angenehme Position zurück. Erlaube Deinen Muskeln, sich ganz zu lösen….

Gönn den Muskeln in Deinem Gesicht die Zeit, sich ganz zu lösen. Die Stirn ist ganz glatt, die Augen liegen ruhig in ihren Höhlen, der Unterkiefer hängt ganz locker, sodass ein Zwischenraum zwischen den Zähnen entsteht.

Fühle dem **Gefühl** der angenehmen **Entspannung** nach und **verinnerliche** es. Genieße das Gefühl der Lockerung und Lösung. Lass einfach los…

Entspannung (etwa 30 Sekunden)

Rumpf (Schultern, Rücken, Bauch):

Lenke Deine Aufmerksamkeit nun zu den **Schultern**, der **oberen** Rückenmuskulatur und Deinem **Bauch**. Ziehe Deine Schultern hoch und dann nach hinten und ziehe gleichzeitig den Bauch ein und spanne dabei das Gesäß an. Versuche die Schulterblätter hinten zusammen zu drücken.

Und bitte „spanne an". Spüre die Spannung in den Schultern, im Bauch und an den Gesäßmuskeln. Achte auf das Spannungsgefühl… Anspannung (etwa 5 Sekunden)

Und „lass los" und „atme aus". Lass die **Schultern** wieder **locker** nach unten hängen und **löse** den **Bauch** und die **Gesäßmuskeln**. Genieße das angenehme Gefühl der Lockerung und Lösung. Fühle der Entspannung nach… Lass einfach los… Entspannung (etwa 30 Sekunden)

Vielleicht spürst Du ein angenehmes Gefühl der **Schwere** und **Wärme** in Deinen **Schultern** und im **Rücken**. Auch der **Bauch** und das **Gesäß** sind wohlig warm.

Du bist ganz ruhig und entspannt, die Atmung ist ruhig und gleichmäßig.

Beide Beine:

Lenke Deine Aufmerksamkeit nun zu Deinen Beinen.

Wenn Du jetzt mit Deiner Konzentration in Deinen Beinen bist, dann fühle in Deine **Füße** hinein,… spüre Deine **Unterschenkel**, die Waden, die Schienbeine,… wie fühlen sich die Knie an?, …und wende Dich nun Deinen **Oberschenkeln** zu.

Spüre wie sie auf der Sitzfläche aufliegen… und wenn ich „spanne an" sage, dann ziehst Du die Zehen nach oben und spanne gleichzeitig die Oberschenkel an.

Und bitte „spanne an". Spüre die Anspannung in Deinen Füßen, in den Waden, an den Schienbeinen und in den Oberschenkeln. Halte die Spannung…

Anspannung (etwa 5 Sekunden)

Und „lass los" und „atme aus". Lass die **Entspannung** in Deine **Oberschenkel**, Deine **Waden** und in die **Füße** fließen. Spür den Unterschied…und genieße das angenehme Gefühl… Lass einfach los… Entspannung (etwa 30 Sekunden)

Vielleicht spürst Du nun ein angenehmes Gefühl der Schwere und Wärme in Deinen Beinen.

Du bist ganz ruhig und entspannt, die Atmung ist ruhig und gleichmäßig.

Dein **ganzer Körper** fühlt sich nun **schwer** und wohlig **warm** an. Genieße das angenehme Gefühl der Entspannung… Lass einfach los.

Du bist ganz ruhig und entspannt, die **Atmung** ist **ruhig** und **gleichmäßig**.

Positive Erinnerung/Bild vorstellen:

Jetzt bleibe ruhig mit geschlossenen Augen sitzen. Bleibe in **Deiner Mitte** und stelle Dir ein für Dich **beruhigendes Bild** vor. Eine schöne Erinnerung, wie z. B. ein schöner **Ort** mit wundervollen **Farben**, angenehmen Geräuschen, einem wohltuenden **Duft**, etwas, was Dir gut tut und genieße die Ruhe und die Entspannung.

– circa1 1/2 Minuten Pause –

Anker setzen:

Suche Dir eine gut erreichbare **Stelle** an Deinem **Unterarm**. **Kneife** Dich **dort** deutlich spürbar und **merke** Dir diese Stelle ganz **genau**. **Immer**, wenn Du **künftig** diese **Bewegung** machst, bist Du in Sekunden vollkommen **entspannt**.

Rücknahme:

Wir beenden jetzt die Entspannung.

Ich werde jetzt gleich langsam von 5 bis 1 rückwärts zählen. Wenn ich bei 1 angekommen bin, öffnest Du Deine Augen, bist wieder ganz hellwach und fühlst Dich gut.

Und 5 … komme zurück in diesen Raum und spüre den Sessel/Stuhl unter Dir.

Und 4 … strecke Deine Arme und Beine

Und 3 … bewege Deinen Kopf hin und her

Und 2 … atme tief ein und aus, Dein Blutdruck steigt

Und 1 … öffne Deine Augen; Du bist wieder ganz im Hier und Jetzt.

!

TIPP:

- Seien Sie geduldig und nachsichtig mit sich, falls es mal nicht so gut mit dem Entspannungstraining funktionieren sollte. Es geht dabei nicht darum, eine gute Leistung zu erzielen, sondern darum, loszulassen.
- Üben Sie die 4 Muskelgruppen mindestens 1 x pro Woche.
- Falls es mit der Verkürzung auf 4 Muskelgruppen bei Ihnen nicht funktionieren sollte, haben Sie Geduld! Gehen Sie auf die 7 Muskelgruppen zurück.
- Nutzen Sie das Übungsprotokoll für eine Woche oder das Übungstagebuch für acht Wochen im Anhang, um die positiven Veränderungen festzustellen bzw. nachzuhalten.
- Nutzen Sie den „Anker" regelmäßig im Alltag und erneuern Sie ihn bei jedem Training.

15.2.4   PMR – 4 Muskelgruppen ohne Anspannen

> **Vorbereitungen**
> - Ziel: „Entspannung durch **Erinnerung** an das Gefühl
>   des Anspannens und Entspannens"
> - Dauer: 10 - 15 Minuten
> - Hilfsmittel: angenehme Musik, Naturgeräusche

Setze Dich auf einen Stuhl oder Sessel.

Nimm eine **bequeme Position** ein. Schließ die Augen, wenn Du magst und sei ganz locker. Mach Dir bewusst, wie Du da sitzt...

Geh durch Deinen Körper und **suche** nach **Anspannungen**, nach unbequemen Haltungen...und ändere diese jetzt ab.

Versuche, die **Muskeln** noch etwas mehr **loszulassen** und entspanne so gut wie möglich.

Fühle, wie die **Füße** auf dem **Boden** stehen, spüre Deine Unterschenkel, die **Knie**, die **Oberschenkel**, spüre, wo die Oberschenkel die Sitzfläche berühren – wie fühlt sich das **Gesäß** an? Sind die unteren **Rückenmuskeln** entspannt? Ist der **Bauch** entspannt? Fühle, wie der Rücken an der Stuhllehne anliegt. Überprüfe, ob die **Schultern** locker nach unten hängen und ob Deine **Arme** ganz entspannt auf den Oberschenkeln aufliegen. Die **Gesichtsmuskeln** lässt Du auch los, überprüfe ob der **Unterkiefer** locker ist, ob die **Augenlieder** ganz entspannt aufeinander liegen...Sei ganz **locker** und **lasse** alles **los**.

Du bist jetzt ganz ruhig und entspannt.

Beide Arme:

Wenn ich „**spanne an**" sage, wirst Du Dich **an das Gefühl erinnern**, als ob Du beide **Arme anspannen** wolltest, Du wirst es jedoch <u>nicht aktiv tun</u>, sondern das Gefühl aus Deiner Erinnerung an diese Übung erspüren. Wenn ich „**lass los**" sage, **spürst** Du dem angenehmen **Gefühl der Entspannung** nach und konzentrierst Dich wieder auf das Gefühl der Lockerung und Lösung der Muskeln.

Und bitte „**spanne an**".

Nun stell Dir vor, Du ballst Deine Hände zu **Fäusten**, beugst die **Arme** und spannst die **Oberarme** an - ohne es jedoch zu tun. Spüre das Gefühl der Anspannung. Anspannung (etwa 10 Sekunden)

Und „**lass los**" und „**atme aus**". Konzentriere Dich auf den Unterschied zum vorherigen Gefühl, ...fühle der Entspannung nach, **achte auf das angenehme Entspannungsgefühl**, gönn Dir die Zeit, damit die Muskeln noch mehr entspannen können. Mehr und mehr...lass einfach los. Entspannung (etwa 30 Sekunden)

Lass vollständig los. Erlaube Deinen Muskeln sich noch mehr zu lösen.

Fühle dem **Gefühl** der angenehmen **Entspannung** nach und **verinnerliche es**. Genieße das Gefühl der Lockerung und Lösung.

Vielleicht spürst Du jetzt ein **angenehmes** Gefühl der **Schwere** und **Wärme** in Deinen **Armen**.

Du bist ganz ruhig und entspannt.

Gesicht und Nacken:

Wenn ich gleich „spanne an" sage, stellst Du Dir vor, dass Du die Stirn runzelst, die Nase rümpfst und ein ganz breites Grinsen machst und die Zähne leicht zusammenbeißt. Dann stell Dir vor, Du würdest Deinen Kopf gegen die Brust drücken.

Bei „lass los" konzentrierst Du Dich wieder auf das angenehme Gefühl der Entspannung.

Und bitte „spanne an". Nun stell Dir vor, Du runzelst die Stirn, rümpfst die Nase, beißt leicht die Zähne zusammen und drückst den Kopf gegen die Brust – ohne es jedoch zu tun. Spüre das Gefühl der Anspannung. Anspannung (etwa 10 Sekunden.)

Und bitte „lass los" und „atme aus". Stell Dir vor, dass der Kopf wieder in seine aufrechte Position geht. Lass die Stirn ganz glatt werden, die Wangen mehr und mehr nach unten fallen, den Unterkiefer ganz locker hängen. Öffne dazu leicht den Mund und lass den Unterkiefer noch lockerer herunter hängen.

Konzentriere Dich auf das angenehme Gefühl der Entspannung.

Spüre, wie sich die Entspannung mehr und mehr in deinem Nacken ausbreitet.

Entspannung (etwa 30 Sekunden)

Lass vollständig los. Erlaube Deinen Muskeln sich noch mehr zu lösen.

Fühle dem Gefühl der angenehmen Entspannung nach und verinnerliche es. Genieße das Gefühl der Lockerung und Lösung.

Vielleicht spürst Du jetzt ein angenehmes Gefühl der Schwere und Wärme in Deinem Nacken.

Du bist ganz ruhig und entspannt.

Rumpf:

Wende Dich nun Deinem Oberkörper zu. Spüre, an welchen Stellen er mit dem Sessel in Berührung ist.

Wenn ich gleich „spanne an" sage, wirst Du Dir das Gefühl der Anspannung in Deinen Schultern, in Deinem oberen Rücken, im Bauch und an den Gesäßmuskeln vorstellen. Stelle Dir das Gefühl vor, als ob Du diese Muskelgruppen anspannen würdest, ohne es aktiv zu tun.

Und bitte „spanne an". Stell Dir vor, Du ziehst Deine Schultern hoch und nach hinten. Gleichzeitig ziehst Du den Bauch ein und spannst das Gesäß an – ohne es tatsächlich zu tun. Spüre das Gefühl der Anspannung in den einzelnen Muskelgruppen… Anspannung (etwa 10 Sekunden)

Und „lass los" und „atme aus". Stell Dir vor, Du lässt die Schultern wieder locker hängen. Der Bauch wird weich und locker, und die Gesäßmuskeln entspannen sich. Genieße das angenehme Gefühl der Entspannung. Entspannung (etwa 30 Sekunden)

Lass vollständig los. Erlaube Deinen Muskeln sich noch mehr zu lösen.

Fühle dem Gefühl der angenehmen Entspannung nach und verinnerliche es. Genieße das Gefühl der Lockerung und Lösung.

Vielleicht spürst Du jetzt ein angenehmes Gefühl der Schwere und Wärme in Deinen Schultern und im Rücken.

Du bist ganz ruhig und entspannt.

Genieße noch ein wenig das angenehme Gefühl der Entspannung….

Beide Beine:

Und wende nun Deine Aufmerksamkeit Deinen Beinen zu.

Wenn Du jetzt mit Deiner Konzentration in Deinen Beinen bist, dann fühle Deine Füße, …spüre Deine Unterschenkel, die Waden, die Schienbeine, …wie fühlen sich die Knie an? …wie Deine Oberschenkel?

... und wenn ich „spanne an" sage, dann spürst Du in Deinen Gedanken dem Gefühl nach, als ob Du die Zehen bei beiden Füße nach oben ziehen würdest, beide Beine durchdrückst und leicht anhebst, und als ob Du gleichzeitig die Oberschenkel anspannen würdest - ohne es tatsächlich zu tun.

Und bitte „spanne an". Stell Dir vor, Du ziehst die Zehen nach oben und streckst die Beine; hebe Deine Beine in Deiner Vorstellung dabei leicht an. Spüre das Gefühl der Anspannung in Deinen Füßen, in den Waden, in den Schienbeinen, in den Oberschenkeln. Anspannung (etwa 10 Sekunden)

Und „lass los" und „atme aus". Lass die Entspannung in Deine Beine fließen. Spüre den Unterschied.... und genieße das angenehme Gefühl der Lockerheit. Entspannung (etwa 30 Sekunden)

Lass vollständig los. Erlaube Deinen Muskeln sich noch mehr zu lösen.

Fühle dem Gefühl der angenehmen Entspannung nach und verinnerliche es. Genieße das Gefühl der Lockerung und Lösung.

Vielleicht spürst Du jetzt ein angenehmes Gefühl der Schwere und Wärme in Deinen Beinen.

Du bist ganz ruhig und entspannt.

Lass jetzt alles los....fühle, wie die Entspannung der Muskeln zunimmt, lass Dich mehr und mehr treiben, spüre das angenehme Gefühl der Entspannung,... die Entspannung breitet sich mehr und mehr aus, spüre die einhergehende angenehme Schwere und Wärme der Beine,... des Oberkörpers und der Arme... Dein ganzer Körper ist jetzt wohlig warm... Lass alles los...

Du bist ganz ruhig und entspannt, die Atmung ist ruhig und gleichmäßig.

Positive Erinnerung/Bild vorstellen:

Jetzt bleibe ruhig mit geschlossenen Augen sitzen. Bleibe in Deiner Mitte und stelle Dir ein für Dich beruhigendes Bild vor. Eine schöne Erinnerung, wie z. B. ein schöner Ort mit wundervollen Farben, angenehmen Geräuschen, einem wohltuenden Duft, etwas, was Dir gut tut und genieße die Ruhe und die Entspannung. – circa 1 1/2 Minuten Pause –

Die Wunderfrage:

„Stell Dir vor, es ist Abend und Du gehst schlafen. Über Nacht ist ein Wunder geschehen... Während Du geschlafen hast, ist dieses Wunder geschehen..., ohne dass Du etwas dafür tun musstest.... Als Du am nächsten Morgen erwachst, hast Du Dein Ziel

....(Ziel einsetzen)
wie durch ein Wunder erreicht. In dem Wissen, dass Du Dein Ziel erreicht hast:..
Was würdest Du als erstes tun?"
(1 – 2 Minuten Pause)

Anker setzen:

Suche Dir eine gut erreichbare Stelle an Deinem Unterarm. Kneife Dich dort deutlich spürbar und merke Dir diese Stelle ganz genau. Immer, wenn Du künftig diese Bewegung machst, bist Du in Sekunden vollkommen entspannt.

Rücknahme:

Wir beenden jetzt die Entspannung.

Ich werde jetzt gleich langsam von 5 bis 1 rückwärts zählen. Wenn ich bei 1 angekommen bin, öffnest Du Deine Augen, bist wieder ganz hellwach und fühlst Dich gut.

Und 5 … komme zurück in diesen Raum und spüre den Sessel/Stuhl unter Dir.

Und 4 … strecke Deine Arme und Beine

Und 3 … bewege Deinen Kopf hin und her

Und 2 … atme tief ein und aus, Dein Blutdruck steigt

Und 1 … öffne Deine Augen; Du bist wieder ganz im Hier und Jetzt.

!

TIPP:

- Falls es beim ersten Mal nicht klappen sollte, üben Sie weiter. Haben Sie Vertrauen: Ihr Geist und auch Ihr Körper erinnern sich an das **Gefühl** der Entspannung.

- Überlegen Sie sich vor der Durchführung des Entspannungstrainings und der Anwendung der Wunderfrage ein **konkretes Ziel**, das positiv, attraktiv und realisierbar ist. Je genauer Sie sich das Ziel vorstellen können – als etwas, das Sie erleben (in einem Bild oder Film) -, desto eher verwirklicht es sich.

- Nutzen Sie den „Anker" regelmäßig im Alltag und erneuern Sie ihn bei jedem Training.

15.2.5   Mentales PMR – Vergegenwärtigung

Vorbereitungen
- Ziel: „Erinnerung an das Gefühl des Loslassens" aktivieren
- Dauer: 10 -15 Minuten
- Hilfsmittel: angenehme Musik, Naturgeräusche

Setze Dich auf einen Stuhl oder Sessel.

Nimm eine **bequeme Position** ein. Schließ die Augen, wenn Du magst und sei ganz locker. Mach Dir bewusst, wie Du da sitzt...

Geh durch Deinen Körper und **suche** nach **Anspannungen**, nach unbequemen Haltungen...und ändere diese jetzt ab.

Versuche, die **Muskeln** noch etwas mehr **loszulassen** und entspanne so gut wie möglich.

Fühle, wie die **Füße** auf dem **Boden** stehen, spüre Deine Unterschenkel, die **Knie**, die **Oberschenkel**, spüre, wo die Oberschenkel die Sitzfläche berühren – wie fühlt sich das **Gesäß** an? Sind die unteren **Rückenmuskeln** entspannt? Ist der **Bauch** entspannt? Fühle, wie der Rücken an der Stuhllehne anliegt. Überprüfe, ob die **Schultern** locker nach unten hängen und ob Deine **Arme** ganz entspannt auf den Oberschenkeln aufliegen. Die **Gesichtsmuskeln** lässt Du auch los, überprüfe ob der **Unterkiefer** locker ist, ob die **Augenlieder** ganz entspannt aufeinander liegen...Sei ganz **locker** und **lasse** alles **los**.

Du bist jetzt ganz ruhig und entspannt.

Wir werden gleich mit der Übung beginnen und Du wirst **mit Deiner Aufmerksamkeit** zu den **Muskelgruppen** gehen, die ich anspreche. Du wirst Dich in die jeweilige Muskelgruppe **hinein fühlen** und eventuelle **Anspannungen lösen**. Dann wirst Dich **an das Gefühl der Entspannung erinnern** und mehr **und** mehr **loslassen**... Dich immer mehr und tiefer entspannen...

Beide Arme:

Wende nun Deine **Aufmerksamkeit** zu Deinen Armen...

Spüre in Deine **Arme** hinein: wie fühlen sie sich an? Wie liegen sie auf?

Suche nach Spannungsgefühlen.... spüre Anspannungen auf und lasse sie los...

Lass die Arme **ganz locker** werden....alle **Muskeln lösen sich**....

Alle **Anspannungen weichen** aus Deinen Armen.

Spüre, wie die Entspannung in deine Arme fließt...

Die Entspannung nimmt mehr und mehr zu... alles wird ganz locker...

Beide Arme sind ganz locker und ganz **entspannt**.

Spüre das **angenehme Gefühl** der Entspannung...

Vielleicht spürst Du jetzt ein angenehmes Gefühl der **Schwere** und **Wärme** in Deinen **Armen**. (etwa 30 Sekunden)

Du bist ganz ruhig und vollkommen entspannt.

Gesicht und Nacken:

Lenke Deine **Aufmerksamkeit** nun auf Dein **Gesicht** und Deinen **Nacken**. Spüre in die einzelnen Gesichtspartien hinein und **löse Anspannungen** auf.

Lass die **Stirn** ganz **glatt** werden...

Lass Deine **Augenlider** ganz **schwer** werden...

Lass die **Wangen** noch mehr nach unten **fallen**, und den **Unterkiefer** ganz **locker** hängen…Öffne dazu leicht den Mund und lass den Unterkiefer noch lockerer herunter hängen…

Spüre das angenehme Gefühl der Entspannung…

Spüre wie sich die **Entspannung** nun auch mehr und mehr in Deinem **Nacken** ausbreitet.

… die **Anspannung fließt** aus Deinem Hinterkopf **in den Sessel hinein**…

Lass vollständig los. Erlaube Deinen Muskeln sich noch mehr zu lösen.....

Genieße das Gefühl der Lockerung und Lösung.

Dein **Gesicht** und dein **Nacken** sind ganz **frei** und **locker** und völlig gelöst.

Vielleicht spürst Du jetzt ein angenehmes Gefühl der **Wärme** in Deinem **Nacken**.

(etwa 30 Sekunden)

Du bist ganz ruhig und vollkommen entspannt.

Rumpf:

Wende Dich nun Deinem **Oberkörper** zu, spüre an welchen Stellen er mit dem Sessel in Berührung ist. Spüre wo Du **Spannungen** hast und **löse diese** jetzt vollkommen **auf**… Die Muskeln werden ganz weich und sind nun frei und gelöst…

Mit jedem Ausatmen nimmt das Gefühl der Entspannung mehr und mehr zu…

Lass die **Schultern locker** hängen…

Spüre Deine **oberen Rückenmuskeln**… sie sind **ganz locker**, ganz entspannt…

Fühle Deinen **Bauch**… er ist ganz **weich** und **gelöst**, ganz entspannt…

Spüre, dass Du ganz entspannt sitzt… die **Gesäßmuskeln** sind ganz **locker**…

Spüre das angenehme Gefühl der Entspannung…

…mit dem Ausatmen breitet sich die Entspannung mehr und mehr in Deinem Körper aus. Lass die Muskeln ganz locker werden. Lass Dich einfach fallen und genieße das angenehme Gefühl der Entspannung.

Vielleicht spürst Du jetzt ein angenehmes Gefühl der **Wärme** und **Schwere** in Deinen **Schultern** und im **Rücken**. (etwa 30 Sekunden)

Du bist ganz ruhig und vollkommen entspannt.

Beide Beine:

Wende Deine Aufmerksamkeit nun Deinen Beinen zu…

Fühle Deine **Füße**… Spüre den Kontakt zum Boden…

Fühle in Deine **Unterschenkel** hinein, die **Waden**, die **Schienbeine**… wie fühlen sich die Knie an? … Gehe zu Deinen **Oberschenkeln**… Wo liegen sie auf?

Suche nach Anspannungen, …. **lass die Muskeln ganz weich werden** und ganz locker. ….Alle Muskeln in Deinen Beinen sind vollkommen frei und gelöst.

Spüre wie die **Entspannung** in **Deine Beine hineinfließt** und alle Anspannungen aus den Beinen in den Boden entweicht…

Spüre das angenehme Gefühl der Entspannung…

Vielleicht spürst Du jetzt ein angenehmes Gefühl der **Wärme** und **Schwere** in Deinen **Beinen**. (etwa 30 Sekunden)

Du bist ganz ruhig und vollkommen entspannt.

Dein ganzer Körper fühlt sich nun schwer und wohlig warm an.

Genieße das angenehme Gefühl… Lass einfach los.

Du bist ganz ruhig und vollkommen entspannt.

Positive Erinnerung/Bild vorstellen:

Jetzt bleibe ruhig mit geschlossenen Augen sitzen. Bleibe in **Deiner Mitte** und stelle Dir ein für Dich **beruhigendes Bild** vor. Eine schöne Erinnerung, wie z. B. ein **schöner Ort** mit wundervollen **Farben**, angenehmen Geräuschen, einem wohltuenden **Duft**, etwas, was Dir gut tut und genieße die Ruhe und die Entspannung.

– circa 1 1/2 Minuten Pause –

Die Wunderfrage:

„Stell Dir vor, es ist Abend und Du gehst schlafen. Über Nacht ist ein Wunder geschehen… Während Du geschlafen hast, ist dieses Wunder geschehen…, ohne dass Du etwas dafür tun musstest…. Als Du am nächsten Morgen erwachst, hast Du Dein Ziel

....(Ziel einsetzen)

wie durch ein Wunder erreicht. In dem Wissen, dass Du Dein Ziel erreicht hast:..
Was würdest Du als erstes tun?"

(1 – 2 Minuten Pause)

Anker setzen:

Suche Dir eine gut erreichbare **Stelle** an Deinem **Unterarm**. **Kneife** Dich **dort** deutlich spürbar und **merke** Dir diese Stelle ganz **genau**. **Immer**, wenn Du **künftig** diese **Bewegung** machst, bist Du in Sekunden vollkommen **entspannt**.

Rücknahme:

Wir beenden jetzt die Entspannung.

Ich werde jetzt gleich langsam von 5 bis 1 rückwärts zählen. Wenn ich bei 1 angekommen bin, öffnest Du Deine Augen, bist wieder ganz hellwach und fühlst Dich gut.

Und 5 … komme zurück in diesen Raum und spüre den Sessel/Stuhl unter Dir.
Und 4 … strecke Deine Arme und Beine
Und 3 … bewege Deinen Kopf hin und her
Und 2 … atme tief ein und aus, Dein Blutdruck steigt
Und 1 … öffne Deine Augen; Du bist wieder ganz im Hier und Jetzt.

TIPP:

!
- Haben Sie Vertrauen: Ihr Geist und auch Ihr Körper werden sich erinnern.
- Das mentale PMR – die Vergegenwärtigung des Entspannungsgefühls – ist eine hervorragende Vorbereitung für das Autogene Training, da Sie dabei schon gelernt haben, ausschließlich mit Ihrer Vorstellungskraft den entspannten Zustand zu erzeugen.

15.3 Achtsamkeitstraining

15.3.1 Body-Scan – Kurzentspannung

Vorbereitungen
- Ziel: Verbesserung der Körperwahrnehmung
- Dauer: 5 Minuten
- Hilfsmittel: angenehme Musik, wenn Sie mögen

Setze Dich auf einen Stuhl oder Sessel.

Nimm eine **bequeme Position** ein – schließe die Augen. Versuche ganz entspannt und bequem zu sitzen…

Mache Dir bewusst, wie Du da sitzt (da liegst)…

Wenn Du magst, kannst Du jetzt in Deiner Vorstellung an Deinen **Lieblingsort** gehen, zum Beispiel an den Strand, in die Berge oder an einen See…

Gehe durch Deinen **Körper** und suche nach Anspannungen… nach unbequemen Haltungen und ändere diese jetzt ab…   Mache es Dir so bequem wie möglich….lasse alle **Muskeln locker** und **entspannt** werden…

Versuche die Muskeln noch etwas mehr loszulassen und entspanne so gut wie möglich.

Du bist ganz ruhig und ganz entspannt.

Lenke Deine Aufmerksamt auf Deine **Füße**… Haben Sie einen festen Stand? Fühle die Verbindung zum Boden…

Gehe nun mit Deiner Aufmerksamkeit zu Deinen **Unterschenkeln**. Wie fühlen sie sich an?

Spüre Deine **Knie**… Fühle Deine **Oberschenkel**… spüre, wo die Oberschenkel und das **Gesäß** aufliegen…

Sind die **unteren Rückenmuskeln** entspannt? Rücke mit der **Hüfte** tief in den Sessel hinein… Fühle wo der Rücken anliegt,…

Ist der **Bauch** weich und locker?...

Überprüfe, ob die **Schultern** locker herabhängen… und ob Deine **Arme** ganz entspannt auf den Oberschenkeln aufliegen…

Die **Gesichtsmuskeln** lässt Du auch los,…

Überprüfe, ob die **Stirn** glatt ist…

Liegen die **Augen** entspannt in ihren Höhlen?…

Hängt der **Unterkiefer** locker herab?…

Sei ganz entspannt und lasse alles los.

Du bist ganz ruhig und entspannt…

Wir beenden jetzt die Entspannung.

Ich werde jetzt gleich langsam von 5 bis 1 rückwärts zählen. Wenn ich bei 1 angekommen bin, öffnest Du Deine Augen, bist wieder ganz hellwach und fühlst Dich gut.

Und 5 … komme zurück in diesen Raum und spüre den Sessel/Stuhl unter Dir.

Und 4 … strecke Deine Arme und Beine

Und 3 … bewege Deinen Kopf hin und her

Und 2 … atme tief ein und aus, Dein Blutdruck steigt

Und 1 … öffne Deine Augen; Du bist wieder ganz im Hier und Jetzt.

15.3.2   Genusstraining

Vorbereitungen
- Ziel: Fokussierung auf nur eine Sache
- Dauer: 10 Minuten
- Hilfsmittel: angenehme Musik, Naturgeräusche

Beispiel: Essen von Obst

Fangen Sie nicht gleich an zu essen!

Schauen Sie sich das Lebensmittel, z.B. eine Erdbeere zunächst an.
Ertasten Sie die Oberfläche und riechen Sie daran.
Schließen Sie die Augen und nehmen Sie den **Duft** wahr.

Dann nehmen Sie die Erdbeere in den Mund.

Ertasten Sie mit Ihrer Zunge, wie sich die **Oberfläche** anfühlt.
Wie **fühlt** sich das an?
Nehmen Sie schon einen **Geschmack** wahr?

Nun fangen Sie langsam an zu kauen.

Wie **schmeckt** die Erdbeere?
Welche **Konsistenz** hat die Frucht?
Kauen Sie **langsam** und bewusst und …
Schlucken Sie sie **genussvoll** hinunter.

Wiederholen Sie das Ganze mit der nächsten Erdbeere (oder Ihrer Lieblingsfrucht).

TIPP:
Wenn Sie Lebensmittel mit unterschiedlichen Oberflächen wählen, macht es das Genusstraining noch spannender. Zum Beispiel macht es besonderen Spaß ein Stück Schokolade mit Nüssen im Mund zergehen zu lassen bis nur noch die Nuss übrig ist. Dann können Sie deren Oberfläche und Geschmack wahrnehmen. Geht auch gut mit den neuen Schokoladen mit Gewürzen, wie z.B. Chili.

15.3.3   3-2-1-Übung

Vorbereitungen
- Ziel: Bewusste Sinneswahrnehmung, die Gedanken
                 zur Ruhe kommen lassen.
- Dauer: 10 Minuten
- Hilfsmittel: angenehme Musik, Naturgeräusche

Setze dich bequem auf einen Stuhl oder Sessel.

Nimm eine **bequeme Position** ein – schließe die Augen. Versuche ganz entspannt und bequem zu sitzen ...

Nimm kurz deinen **Atem** wahr. Lege zur Hilfe eine Hand auf Deinen Bauch und spüre, wie sich die Bauchdecke bei jedem Ein- und Ausatmen hebt und senkt...

3 X 1 Sache SEHEN! (kann auch jedes Mal derselbe Gegenstand sein)
Achte jetzt bitte auf 3 Dinge, die du siehst!
Das kann z.B. sein: ein Stuhl, die Wand, ein Bild, eine Pflanze sein...
Halte für jeweils ca. 3 Sekunden die Wahrnehmung auf das jeweilige Objekt.

Sag innerlich: „Ich sehe ... Ich sehe ... Ich sehe ..."

3 X ein Geräusch HÖREN! (kann auch jedes Mal dasselbe Geräusch sein)
Jetzt richte deine Aufmerksamkeit auf 3 Geräusche, die du hörst!
Das kann z.B. das Rauschen der Heizung, die Straßengeräusche, das Zwitschern eines Vogels, die Stille im Raum sein...
Nimm die Dinge wieder für jeweils ca. 3 Sekunden pro Objekt wahr.

Sag innerlich: „Ich höre ... Ich höre ... Ich höre ..."

3 X etwas TASTEN (kann auch jedes Mal dasselbe sein)
Richte nun deine Aufmerksamkeit auf 3 Tastempfindungen, z.B. die Füße auf dem Boden, die linke Hand auf dem Oberschenkel oder die Lehne im Rücken...
Wieder jeweils circa 3 Sekunden.

Sag innerlich: „Ich spüre/fühle ... Ich spüre/fühle ... Ich spüre/fühle ..."

2 X etwas SEHEN, HÖREN, TASTEN (kann auch jedes Mal dasselbe sein)
Jetzt richte deine Aufmerksamkeit bewusst 2 X auf Dinge, die du siehst, hörst und fühlst.

Wiederhole jeweils wie oben: „Ich sehe ... Ich höre ... Ich fühle..."

Du kannst neue Objekte und Geräusche nehmen, aber wenn es dir leichter fällt, dann kannst du auch die gleichen noch einmal nehmen.

1 X etwas SEHEN, HÖREN, TASTEN
Jetzt richte deine Aufmerksamkeit bewusst 1 X auf Dinge, die du siehst, hörst und fühlst.
Genieße noch einen Moment diesen Augenblick.

Wiederhole jeweils wie oben: „Ich sehe … Ich höre … Ich fühle…"

Dann strecke Dich, dehne Dich und spüre Deine Muskeln. Atme ein paar Mal tief ein und aus.

Oder falls, Du magst, kannst Du eine weitere Übung wie z.B. das Genusstraining anschließen.

> **!**
>
> **TIPP:**
> - Falls Ihnen das dreimalige Wiederholen nicht ausreichen sollte, können Sie das Sehen, Hören, Tasten fünf Mal wiederholen (= 5-4-3-2-1-Übung).
> - Diese Achtsamkeitsübung können Sie auch gut während eines Spazierganges im Park oder Wald durchführen.
> - Beginnen Sie <u>immer</u> mit dem Sehen!

15.4 Autogenes Training nach Schulz

15.4.1 Die Körperreise

> **Vorbereitungen**
> - Ziel: Kurzentspannung
> - Dauer: 5 Minuten
> - Hilfsmittel: angenehme Musik, wenn Sie mögen

Setze Dich auf einen Stuhl oder Sessel.

Nimm eine **bequeme Position** ein – schließe die Augen. Versuche ganz entspannt und bequem zu sitzen…

Mache Dir bewusst, wie Du da sitzt (da liegst)…

Wenn Du magst, kannst Du jetzt in Deiner Vorstellung an Deinen **Lieblingsort** gehen, zum Beispiel an den Strand, in die Berge oder an einen See…

Gehe durch Deinen **Körper** und suche nach Anspannungen… nach unbequemen Haltungen und ändere diese jetzt ab… Mache es Dir so bequem wie möglich….lasse alle **Muskeln locker** und **entspannt** werden…

Versuche die Muskeln noch etwas mehr loszulassen und entspanne so gut wie möglich.

Du bist ganz ruhig und ganz entspannt.

Lenke Deine Aufmerksamt auf Deine **Füße**… Haben Sie einen festen Stand? Fühle die Verbindung zum Boden…

Gehe nun mit Deiner Aufmerksamkeit zu Deinen **Unterschenkeln**. Wie fühlen sie sich an?

Spüre Deine **Knie**… Fühle Deine **Oberschenkel**… spüre, wo die Oberschenkel und das **Gesäß** aufliegen…

Sind die **unteren Rückenmuskeln** entspannt? Rücke mit der **Hüfte** tief in den Sessel hinein… Fühle wo der Rücken anliegt,…

Ist der **Bauch** weich und locker?...

Überprüfe, ob die **Schultern** locker herabhängen… und ob Deine **Arme** ganz entspannt auf den Oberschenkeln aufliegen…

Die **Gesichtsmuskeln** lässt Du auch los,…

Überprüfe, ob die **Stirn** glatt ist…

Liegen die **Augen** entspannt in ihren Höhlen?…

Hängt der **Unterkiefer** locker herab?…

Sei ganz entspannt und lasse alles los.

Du bist ganz ruhig und entspannt…

Du bist ganz ruhig und entspannt…

> **!** **TIPP:**
> Falls Sie mal wenig Zeit haben sollten, genügt die Körperreise oft schon aus, um einige Minuten abzuschalten.

15.4.2　AT-Übung 1: Schwere-Übung

Vorbereitungen
- Ziel:　　　　Schweregefühl in Armen und Beinen
- Dauer:　　　10 - 15 Minuten
- Hilfsmittel:　angenehme Musik, Naturgeräusche

Körperreise durchführen

Ich bin ganz bei mir.
Ich bin ganz ruhig und entspannt.

Der rechte Arm ist ganz schwer
Der rechte Arm ist ganz schwer
Der rechte Arm ist ganz schwer
Der rechte Arm ist ganz schwer
Der rechte Arm ist ganz schwer
Der rechte Arm ist ganz schwer

Ich bin ganz ruhig und entspannt.

Der linke Arm ist ganz schwer
Der linke Arm ist ganz schwer
Der linke Arm ist ganz schwer
Der linke Arm ist ganz schwer
Der linke Arm ist ganz schwer
Der linke Arm ist ganz schwer

Ich bin ganz ruhig und entspannt.

Das rechte Bein ist ganz schwer
Das rechte Bein ist ganz schwer
Das rechte Bein ist ganz schwer
Das rechte Bein ist ganz schwer
Das rechte Bein ist ganz schwer
Das rechte Bein ist ganz schwer

Ich bin ganz ruhig und entspannt.

Das linke Bein ist ganz schwer
Das linke Bein ist ganz schwer
Das linke Bein ist ganz schwer
Das linke Bein ist ganz schwer
Das linke Bein ist ganz schwer
Das linke Bein ist ganz schwer

Ich bin ganz ruhig und entspannt.

Positive Erinnerung/Bild vorstellen:

Jetzt bleibe ruhig mit geschlossenen Augen sitzen. Bleibe in **Deiner Mitte** und stelle Dir ein für Dich **beruhigendes Bild** vor. Eine schöne Erinnerung, wie z. B. ein schöner **Ort** mit wundervollen **Farben**, angenehmen Geräuschen, einem wohltuenden **Duft**, etwas, was Dir gut tut und genieße die Ruhe und die Entspannung.

– circa 1 1/2 Minuten Pause –

Anker setzen:

Suche Dir eine gut erreichbare **Stelle** an Deinem **Unterarm**. **Kneife** Dich **dort** deutlich spürbar und **merke** Dir diese Stelle ganz **genau**. **Immer**, wenn Du **künftig** diese **Bewegung** machst, bist Du in Sekunden vollkommen **entspannt**.

Rücknahme:

Wir beenden jetzt die Entspannung.

Ich werde jetzt gleich langsam von 5 bis 1 rückwärts zählen. Wenn ich bei 1 angekommen bin, öffnest Du Deine Augen, bist wieder ganz hellwach und fühlst Dich gut.

Und 5 … komme zurück in diesen Raum und spüre den Sessel/Stuhl unter Dir.

Und 4 … strecke Deine Arme und Beine

Und 3 … bewege Deinen Kopf hin und her

Und 2 … atme tief ein und aus, Dein Blutdruck steigt

Und 1 … öffne Deine Augen; Du bist wieder ganz im Hier und Jetzt.

! **TIPP:**
- Führen Sie vor jeder AT-Übung die Körperreise durch und atmen Sie bewusst tief ein und aus; lassen Sie mit jedem Ausatmen den Alltag gehen.
- Falls es beim ersten Mal nicht funktionieren sollte, üben Sie weiter. Ihr Geist und Ihr Körper werden sich an Ihre „Anweisungen" gewöhnen.
- Falls Gedanken auftauchen sollten, schauen Sie sie an und lassen Sie sie vorüberziehen wie Wolken am Himmel.
- Üben Sie mindestens 2 – 3 Mal pro Woche.
- Erneuern Sie den „Anker" in jedem Autogenen Training.

15.4.3   AT-Übung 2: Die Wärme-Übung

Vorbereitungen
- Ziel: Schwere- und Wärmegefühl in Armen und Beinen
- Dauer: 15 - 20 Minuten
- Hilfsmittel: angenehme Musik, Naturgeräusche

Körperreise durchführen

Ich bin ganz bei mir
Ich bin ganz ruhig und entspannt

Der rechte Arm ist ganz schwer (3x)

Ich bin ganz ruhig und entspannt

Der linke Arm ist ganz schwer (3x)

Ich bin ganz ruhig und entspannt

Das rechte Bein ist ganz schwer (3x)

Ich bin ganz ruhig und entspannt

Das linke Bein ist ganz schwer (3x)

Ich bin ganz ruhig und entspannt

Der rechte Arm ist angenehm warm
Der rechte Arm ist angenehm warm
Der rechte Arm ist angenehm warm
Der rechte Arm ist angenehm warm
Der rechte Arm ist angenehm warm
Der rechte Arm ist angenehm warm

Ich bin ganz ruhig und entspannt

Der linke Arm ist angenehm warm
Der linke Arm ist angenehm warm
Der linke Arm ist angenehm warm
Der linke Arm ist angenehm warm
Der linke Arm ist angenehm warm
Der linke Arm ist angenehm warm

Ich bin ganz ruhig und entspannt

Das rechte Bein ist angenehm warm
Das rechte Bein ist angenehm warm
Das rechte Bein ist angenehm warm

Das rechte Bein ist angenehm warm
Das rechte Bein ist angenehm warm
Das rechte Bein ist angenehm warm

Ich bin ganz ruhig und entspannt

Das linke Bein ist angenehm warm
Das linke Bein ist angenehm warm
Das linke Bein ist angenehm warm
Das linke Bein ist angenehm warm
Das linke Bein ist angenehm warm
Das linke Bein ist angenehm warm

Ich bin ganz ruhig und entspannt

Positive Erinnerung/Bild vorstellen:

Jetzt bleibe ruhig mit geschlossenen Augen sitzen. Bleibe in **Deiner Mitte** und stelle Dir ein für Dich **beruhigendes Bild** vor. Eine schöne Erinnerung, wie z. B. ein schöner **Ort** mit wundervollen **Farben**, angenehmen Geräuschen, einem wohltuenden **Duft**, etwas, was Dir gut tut und genieße die Ruhe und die Entspannung.
– circa 1 1/2 Minuten Pause –

Anker setzen:

Suche Dir eine gut erreichbare **Stelle** an Deinem **Unterarm**. **Kneife** Dich **dort** deutlich spürbar und **merke** Dir diese Stelle ganz **genau**. **Immer**, wenn Du **künftig** diese **Bewegung** machst, bist Du in Sekunden vollkommen **entspannt**.

Rücknahme:

Wir beenden jetzt die Entspannung.

Ich werde jetzt gleich langsam von 5 bis 1 rückwärts zählen. Wenn ich bei 1 angekommen bin, öffnest Du Deine Augen, bist wieder ganz hellwach und fühlst Dich gut.

Und 5 … komme zurück in diesen Raum und spüre den Sessel/Stuhl unter Dir.
Und 4 … strecke Deine Arme und Beine
Und 3 … bewege Deinen Kopf hin und her
Und 2 … atme tief ein und aus, Dein Blutdruck steigt
Und 1 … öffne Deine Augen; Du bist wieder ganz im Hier und Jetzt.

> **! TIPP:**
> - Gönnen Sie sich Ruhe und Zeit beim Erlernen des Autogenen Trainings. Wie Sie vielleicht schon bemerkt haben, verkürzt sich das Training mit jeder Erweiterung.
> - Nutzen Sie zur Überprüfung Ihres Lernerfolges das Übungsprotokoll für eine Woche oder das Übungstagebuch für acht Wochen im Anhang.

15.4.4   AT-Übung 3: Die Atem-Übung

> **Vorbereitungen**
> - Ziel: Schwere-/Wärmegefühl in Armen und Beinen,
>   ruhiger und gleichmäßiger Atem
> - Dauer: 15 – 20 Minuten
> - Hilfsmittel: angenehme Musik, Naturgeräusche

Körperreise durchführen

Ich bin ganz bei mir
Ich bin ganz ruhig und entspannt

Arme und Beine sind ganz schwer (3x)

Ich bin ganz ruhig und entspannt

Arme und Beine sind angenehm warm (6x)

Ich bin ganz ruhig und entspannt

Die Atmung ist ruhig und gleichmäßig
Die Atmung ist ruhig und gleichmäßig
Die Atmung ist ruhig und gleichmäßig
Die Atmung ist ruhig und gleichmäßig
Die Atmung ist ruhig und gleichmäßig
Die Atmung ist ruhig und gleichmäßig

Ich bin ganz ruhig und entspannt

Positive Erinnerung/Bild vorstellen:
Jetzt bleibe ruhig mit geschlossenen Augen sitzen. Bleibe in **Deiner Mitte** und stelle Dir ein für Dich **beruhigendes Bild** vor. Eine schöne Erinnerung, wie z. B. ein schöner **Ort** mit wundervollen **Farben**, angenehmen Geräuschen, einem wohltuenden **Duft**, etwas, was Dir gut tut und genieße die Ruhe und die Entspannung.
– circa 1 1/2 Minuten Pause –

Anker setzen:
Suche Dir eine gut erreichbare **Stelle** an Deinem **Unterarm**. **Kneife** Dich **dort** deutlich spürbar und **merke** Dir diese Stelle ganz **genau**. **Immer**, wenn Du **künftig** diese **Bewegung** machst, bist Du in Sekunden vollkommen **entspannt**.

Rücknahme:
Wir beenden jetzt die Entspannung.
Ich werde jetzt gleich langsam von 5 bis 1 rückwärts zählen. Wenn ich bei 1 angekommen bin, öffnest Du Deine Augen, bist wieder ganz hellwach und fühlst Dich gut.

Und 5 … komme zurück in diesen Raum und spüre den Sessel/Stuhl unter Dir.

Und 4 … strecke Deine Arme und Beine

Und 3 … bewege Deinen Kopf hin und her

Und 2 … atme tief ein und aus, Dein Blutdruck steigt

Und 1 … öffne Deine Augen; Du bist wieder ganz im Hier und Jetzt.

TIPP:

- Die Autosuggestion für die Atmung können Sie auch umformulieren in „Die Atmung ist tief und gleichmäßig" – wie Sie mögen.
- Nutzen Sie den „Anker" im Alltag, insbesondere in Stresssituationen, um den Entspannungszustand sofort auszulösen.

15.4.5 AT-Übung 4: Die Herz-Übung

> **Vorbereitungen**
> - Ziel: Schwere/Wärmegefühl in Armen und Beinen, ruhiger Atem, regelmäßiger Herzschlag
> - Dauer: 15 - 20 Minuten
> - Hilfsmittel: angenehme Musik, Naturgeräusche

Körperreise durchführen

Ich bin ganz bei mir
Ich bin ganz ruhig und entspannt

Arme und Beine sind ganz schwer (3x)

Ich bin ganz ruhig und entspannt

Arme und Beine sind angenehm warm (3x)

Ich bin ganz ruhig und entspannt

Die Atmung ist ruhig und gleichmäßig (6x)

Ich bin ganz ruhig und entspannt

Das Herz schlägt ruhig und regelmäßig
Das Herz schlägt ruhig und regelmäßig
Das Herz schlägt ruhig und regelmäßig
Das Herz schlägt ruhig und regelmäßig
Das Herz schlägt ruhig und regelmäßig
Das Herz schlägt ruhig und regelmäßig

Ich bin ganz ruhig und entspannt

Positive Erinnerung/Bild vorstellen:

Jetzt bleibe ruhig mit geschlossenen Augen sitzen. Bleibe in **Deiner Mitte** und stelle Dir ein für Dich **beruhigendes Bild** vor. Eine schöne Erinnerung, wie z. B. ein schöner **Ort** mit wundervollen **Farben**, angenehmen Geräuschen, einem wohltuenden **Duft**, etwas, was Dir gut tut und genieße die Ruhe und die Entspannung.

– circa 1 1/2 Minuten Pause –

Anker setzen:

Suche Dir eine gut erreichbare **Stelle** an Deinem **Unterarm**. **Kneife** Dich **dort** deutlich spürbar und **merke** Dir diese Stelle ganz **genau**. **Immer**, wenn Du **künftig** diese **Bewegung** machst, bist Du in Sekunden vollkommen **entspannt**.

Rücknahme:

Wir beenden jetzt die Entspannung.

Ich werde jetzt gleich langsam von 5 bis 1 rückwärts zählen. Wenn ich bei 1 angekommen bin, öffnest Du Deine Augen, bist wieder ganz hellwach und fühlst Dich gut.

Und 5 … komme zurück in diesen Raum und spüre den Sessel/Stuhl unter Dir.

Und 4 … strecke Deine Arme und Beine

Und 3 … bewege Deinen Kopf hin und her

Und 2 … atme tief ein und aus, Dein Blutdruck steigt

Und 1 … öffne Deine Augen; Du bist wieder ganz im Hier und Jetzt.

! **TIPP:**

- Die Konzentration auf den Herzschlag ist vielleicht am Anfang ungewohnt oder sogar unangenehm. Vertrauen Sie auf die Autosuggestion: Ihr Herz wird mit jedem Satz ruhiger und gleichmäßiger schlagen.

- Erneuern Sie den „Anker" in jedem Autogenen Training und nutzen Sie ihn im Alltag, um den Entspannungszustand auszulösen.

15.4.6 AT-Übung 5: Die Sonnengeflecht-Übung

> **Vorbereitungen**
> - Ziel: Schwere/Wärmegefühl in Armen und Beinen, ruhiger Atem, regelmäßiger Herzschlag, warmer Oberbauch
> - Dauer: 15 - 20 Minuten
> - Hilfsmittel: angenehme Musik, Naturgeräusche

Körperreise durchführen

Ich bin ganz bei mir
Ich bin ganz ruhig und entspannt

Arme und Beine sind angenehm schwer

Ich bin ganz ruhig und entspannt

Arme und Beine sind angenehm warm (3x)

Ich bin ganz ruhig und entspannt

Die Atmung ist ruhig und gleichmäßig (3x)

Ich bin ganz ruhig und entspannt

Das Herz schlägt ruhig und regelmäßig (3x)

Ich bin ganz ruhig und entspannt

Das Sonnengeflecht6 ist strömend warm
Das Sonnengeflecht ist strömend warm
Das Sonnengeflecht ist strömend warm
Das Sonnengeflecht ist strömend warm
Das Sonnengeflecht ist strömend warm
Das Sonnengeflecht ist strömend warm

Ich bin ganz ruhig und entspannt

Positive Erinnerung/Bild vorstellen:
Jetzt bleibe ruhig mit geschlossenen Augen sitzen. Bleibe in **Deiner Mitte** und stelle Dir ein für Dich **beruhigendes Bild** vor. Eine schöne Erinnerung, wie z. B. ein schöner **Ort** mit wundervollen **Farben**, angenehmen Geräuschen, einem wohltuenden **Duft**, etwas, was Dir gut tut und genieße die Ruhe und die Entspannung.
– circa 1 1/2 Minuten Pause –

---

[6] Das Sonnengeflecht (lat. **Solarplexus)** ist ein autonomes Geflecht sympathischer und parasympathischer Nervenfasern im Bereich des Epigastriums. Das **Epigastrium** des Menschen ist die Bauchregion zwischen Rippenbogen und Bauchnabel und wird daher auch als **Oberbauch** bezeichnet.

Anker setzen:

Suche Dir eine gut erreichbare **Stelle** an Deinem **Unterarm**. **Kneife** Dich **dort** deutlich spürbar und **merke** Dir diese Stelle ganz **genau**. **Immer**, wenn Du **künftig** diese **Bewegung** machst, bist Du in Sekunden vollkommen **entspannt**.

Rücknahme:

Wir beenden jetzt die Entspannung.

Ich werde jetzt gleich langsam von 5 bis 1 rückwärts zählen. Wenn ich bei 1 angekommen bin, öffnest Du Deine Augen, bist wieder ganz hellwach und fühlst Dich gut.

Und 5 ... komme zurück in diesen Raum und spüre den Sessel/Stuhl unter Dir.

Und 4 ... strecke Deine Arme und Beine

Und 3 ... bewege Deinen Kopf hin und her

Und 2 ... atme tief ein und aus, Dein Blutdruck steigt

Und 1 ... öffne Deine Augen; Du bist wieder ganz im Hier und Jetzt.

> **!**
>
> **TIPP:**
> - Um die Autosuggestion *„Das Sonnengeflecht ist strömend warm"* zu unterstützen, können Sie eine Hand auf Ihren Oberbauch legen.
> - Nutzen Sie Ihr Übungsprotokoll.

15.4.7 AT-Übung 6: Die Stirnkühle-Übung

> **Vorbereitungen**
> - Ziel: Schwere/Wärmegefühl in Armen und Beinen,
>   ruhiger Atem, regelmäßiger Herzschlag,
>   warmer Oberbauch, kühle Stirn
> - Dauer: 15 - 20 Minuten
> - Hilfsmittel: angenehme Musik, Naturgeräusche

Körperreise durchführen

Ich bin ganz bei mir
Ich bin ganz ruhig und entspannt

Arme und Beine sind ganz schwer

Ich bin ganz ruhig und entspannt

Arme und Beine sind angenehm warm

Ich bin ganz ruhig und entspannt

Die Atmung ist ruhig und gleichmäßig

Ich bin ganz ruhig und entspannt

Das Herz schlägt ruhig und regelmäßig

Ich bin ganz ruhig und entspannt

Das Sonnengeflecht ist strömend warm (3x)

Ich bin ganz ruhig und entspannt

Die Stirn ist angenehm kühl
Die Stirn ist angenehm kühl
Die Stirn ist angenehm kühl
Die Stirn ist angenehm kühl
Die Stirn ist angenehm kühl
Die Stirn ist angenehm kühl

Ich bin ganz ruhig und entspannt

Positive Erinnerung/Bild vorstellen:

Jetzt bleibe ruhig mit geschlossenen Augen sitzen. Bleibe in **Deiner Mitte** und stelle Dir ein für Dich **beruhigendes Bild** vor. Eine schöne Erinnerung, wie z. B. ein schöner **Ort** mit wundervollen **Farben**, angenehmen Geräuschen, einem wohltuenden **Duft**, etwas, was Dir gut tut und genieße die Ruhe und die Entspannung.

– circa 1 1/2 Minuten Pause –

Anker setzen:

Suche Dir eine gut erreichbare **Stelle** an Deinem **Unterarm**. **Kneife** Dich **dort** deutlich spürbar und **merke** Dir diese Stelle ganz **genau**. **Immer**, wenn Du **künftig** diese **Bewegung** machst, bist Du in Sekunden vollkommen **entspannt**.

Rücknahme:

Wir beenden jetzt die Entspannung.

Ich werde jetzt gleich langsam von 5 bis 1 rückwärts zählen. Wenn ich bei 1 angekommen bin, öffnest Du Deine Augen, bist wieder ganz hellwach und fühlst Dich gut.

Und 5 … komme zurück in diesen Raum und spüre den Sessel/Stuhl unter Dir.

Und 4 … strecke Deine Arme und Beine

Und 3 … bewege Deinen Kopf hin und her

Und 2 … atme tief ein und aus, Dein Blutdruck steigt

Und 1 … öffne Deine Augen; Du bist wieder ganz im Hier und Jetzt.

> **!**
>
> **TIPP:**
> - Zur Unterstützung der Stirnkühle-Übung könnten Sie sich vorstellen, wie Sie im Sommer im Park auf einer Bank sitzen und eine kühle Brise über Ihre Stirn weht.
> - Üben Sie mindestens 2 – 3 Mal pro Woche.

15.4.8 AT-Übung 7: Die Kurzform

Vorbereitungen
- Ziel:　　　　Schwere/Wärmegefühl in Armen und Beinen,
　　　　　　　ruhiger Atem, regelmäßiger Herzschlag,
　　　　　　　warmer Oberbauch, kühle Stirn
- Dauer:　　　10 Minuten
- Hilfsmittel:　angenehme Musik, Naturgeräusche

Körperreise durchführen

3 x ein- und ausatmen; beim Ausatmen loslassen

Ich bin ganz ruhig und entspannt

Der ganze Körper ist angenehm schwer

Der ganze Körper ist angenehm warm

Die Atmung ist ruhig und gleichmäßig

Ich bin ganz ruhig und entspannt

Das Herz schlägt ruhig und gleichmäßig

Das Sonnengeflecht ist strömend warm

Die Stirn ist angenehm kühl

Ich bin ganz ruhig und entspannt

Positive Erinnerung/Bild vorstellen:
Jetzt bleibe ruhig mit geschlossenen Augen sitzen. Bleibe in **Deiner Mitte** und stelle Dir ein für Dich **beruhigendes Bild** vor. Eine schöne Erinnerung, wie z. B. ein schöner **Ort** mit wundervollen **Farben**, angenehmen Geräuschen, einem wohltuenden **Duft**, etwas, was Dir gut tut und genieße die Ruhe und die Entspannung.
– circa 1 1/2 Minuten Pause –

Die Wunderfrage:
„Stell Dir vor, es ist Abend und Du gehst schlafen. Über Nacht ist ein Wunder geschehen… Während Du geschlafen hast, ist dieses Wunder geschehen…, ohne dass Du etwas dafür tun musstest…. Als Du am nächsten Morgen erwachst, hast Du Dein Ziel

....(Ziel einsetzen)
wie durch ein Wunder erreicht. In dem Wissen, dass Du Dein Ziel erreicht hast:..
Was würdest Du als erstes tun?"
(1 Minute Pause)

Anker setzen:

Suche Dir eine gut erreichbare **Stelle** an Deinem **Unterarm**. **Kneife** Dich **dort** deutlich spürbar und **merke** Dir diese Stelle ganz **genau**. **Immer**, wenn Du **künftig** diese **Bewegung** machst, bist Du in Sekunden vollkommen **entspannt**.

Rücknahme:

Wir beenden jetzt die Entspannung.

Ich werde jetzt gleich langsam von 5 bis 1 rückwärts zählen. Wenn ich bei 1 angekommen bin, öffnest Du Deine Augen, bist wieder ganz hellwach und fühlst Dich gut.

Und 5 ... komme zurück in diesen Raum und spüre den Sessel/Stuhl unter Dir.
Und 4 ... strecke Deine Arme und Beine
Und 3 ... bewege Deinen Kopf hin und her
Und 2 ... atme tief ein und aus, Dein Blutdruck steigt
Und 1 ... öffne Deine Augen; Du bist wieder ganz im Hier und Jetzt.

!

TIPP:

- Falls Sie (noch) Schwierigkeiten mit der Kurzform des AT haben sollten, können Sie zunächst jede Ruheformel (Autosuggestion) 3 X innerlich zu sich sagen.

- Überlegen Sie sich vor der Durchführung des Entspannungstrainings und der Anwendung der Wunderfrage ein konkretes Ziel, das positiv, attraktiv und realisierbar ist. Je genauer Sie sich das Ziel vorstellen können – als etwas, das Sie erleben (in einem Bild oder Film) -, desto eher verwirklicht es sich.

- Das Autogene Training ist eine hervorragende Vorbereitung für die Selbsthypnose, da Sie dabei schon gelernt haben, zur Ruhe zu kommen und sich selbst in einem tief entspannten Zustand Autosuggestionen zu geben.

16. Stabilisierung und Phantasiereisen

16.1 Der geheime sichere Ort

> **Vorbereitungen**
> - Ziel: Das Gefühl von Sicherheit (wieder-)gewinnen
> - Dauer: 20 - 25 Minuten
> - Hilfsmittel: angenehme Musik, Naturgeräusche

> **!** **Wichtiger Hinweis:**
> Falls es Ihnen unangenehm ist, die Augen zu schließen, lassen Sie sie offen und fixieren Sie einen Punkt vor sich. Das kann das Schauen auf einen Gegenstand sein, zum Beispiel eine Kerze oder eine Figur. Wichtig ist, dass Sie ruhig sitzen und den Fokus auf den Punkt vor Ihnen lassen.

Setze Dich auf einen Stuhl oder Sessel.
Mache es Dir so bequem wie möglich. Versuche, ganz **entspannt** zu **sitzen**....
Du kannst jetzt die **Augen schließen**. Wenn du das **nicht magst, lass sie** einfach **offen**. Dann ist es am besten, Du **fixierst** einen festen **Punkt**, vielleicht auf dem Teppich vor Dir.

Zu Beginn lade ich Dich zu einer Achtsamkeitsübung ein:
Bitte finde jetzt eine **angenehme Körperhaltung**. Ich empfehle Dir, dass Du **beide Füße stabil auf den Boden** stellst, damit Du einen guten **Kontakt** zur **Erde** hast.
(etwa 10 Sekunden)
Beide **Arme** und **Hände** ruhen auf den **Oberschenkeln, Du** hast in **jedem Augenblick** die **volle Kontrolle über alles**, was hier geschieht. Damit Du dessen auch ganz **sicher** bist, kannst Du gern einen **Körperteil angespannt lassen**, z. B. zwei **Finger** gegeneinander drücken.
Und jetzt spüre bitte erst einmal, dass Du mit den **Füßen Kontakt** zum **Boden** hast und wo der Kontakt stattfindet. Es geht nicht um richtig oder falsch, sondern nur darum, wahrzunehmen, dass Du Kontakt hast und wo der Kontakt ist.
Als nächstes **nimm wahr**, dass **Du atmest** und dass Dein **Körper** dabei **Bewegungen** macht. Registriere jetzt diese kleinen Bewegungen des Körpers beim Atmen. Spüre, dass sich Dein **Brustkorb** sanft **hebt** und **senkt** und dass sich die **Bauchdecke** sanft **hebt** und **senkt**. Wenn Du sehr genau wahrnimmst, spürst Du auch, dass die **Nasenflügel** ganz **kleine Bewegungen** machen.
Diese Bewegungen des Körpers beim Atmen nimmst Du jetzt einige Augenblicke lang wahr.
(etwa 30 Sekunden)

Den geheimen sicheren Ort finden:
Jetzt begebe Dich bitte in **Deinem Inneren** auf eine **angenehme Reise**. Nutze Deine **Vorstellungskraft** und mache Dich auf den **Weg** zu **Deinem geheimen, sicheren Ort**. Es ist ein Ort, an dem Du Dich absolut **sicher** und **wohlfühlen** kannst.
Diesen Ort kannst **nur Du** allein **finden** und **betreten**, kein anderer Mensch kann das.
Allenfalls können noch hilfreiche Wesen dort sein, wenn Du sie herbei bittest.

Lass Dir Zeit und **begebe Dich jetzt** auf die **Suche** nach diesem **Ort**. Sei Dir **sicher**, dass Du ihn **in Dir trägst** und dass Du ihn **findest**. Vielleicht siehst Du jetzt **innere Bilder** oder ein **Film** läuft vor Deinem **inneren Auge** ab, vielleicht **spürst** Du irgendetwas, vielleicht **hörst** Du etwas oder vielleicht **denkst** Du zunächst nur **an** einen **solchen Ort**.

Lass auftauchen, **was** immer **auftaucht** und **nimm es an**.
Sollten bei der Suche nach dem geheimen, sicheren Ort **unangenehme Bilder** oder Gedanken auftauchen - das kann schon mal passieren - dann **lass sie vorüberziehen** wie Wolken am Himmel und **gehe ruhig weiter** auf Deinem **Weg** zu Deinem geheimen, **sicheren Ort**.

Sei gewiss, dass es **diesen Ort für Dich gibt**, wenn Du nur eine Zeit lang geduldig suchst.
Es kann sein, dass dieser Ort ganz in **Deiner Nähe** ist. Vielleicht gibt es in **Deiner Erinnerung** einen solchen Ort, wo Du **schon einmal gewesen** bist. Es **kann** aber auch **sein**, dass er weit entfernt **irgendwo** im **Universum** ist, oder auch gar nicht in der Wirklichkeit. Lass Deiner **Phantasie freien Lauf**.

Mach Dir klar, dass Dir bei der **Suche** und **Ausgestaltung Deines** geheimen, **sicheren Ortes alle** nur denkbaren **Hilfsmittel** zu Verfügung stehen, wie z.B. Fahrzeuge, Werkzeuge, Materialien und selbst **magische Hilfsmittel** wie z.B. ein **Zauberstab** oder **Feenstaub**.
Bitte **prüfe** vor allem sorgfältig, ob Du dort **ganz** und **gar sicher** bist und Dich wirklich **wohlfühlen** kannst.

Schau bitte auch nach, ob Du es dort wirklich **bequem** hast. Es ist sehr **wichtig**, dass Du Dich **vollkommen geborgen** und sicher fühlst. Richte Dir Deinen geheimen, sicheren Ort bitte so ein, dass dies möglich ist.

Wenn Du Deinen geheimen, **sicheren Ort erreicht** hast und ihn zu Deinem **völligen Wohlbefinden** und Deiner **Sicherheit gestaltet** hast, dann **spüre** bitte jetzt genau, wie es Deinem **Körper** geht, an diesem schönen, sicheren Ort.

Was **siehst** Du? Welchen **Duft** nimmst Du wahr? Was **schmeckst** Du? Was **spürst** Du auf der **Haut**? Wie geht es Deinen **Muskeln**? Wie ist Deine **Atmung**? Wie geht es Deinem **Bauch**?

Nimm das bitte **ganz genau wahr**, damit Du **weißt**, wie es sich **anfühlt**, an diesem geheimen, **sicheren Ort zu sein**.
Nun **bleibe** eine Weile an diesem wunderbaren, geheimen und sicheren Ort und **genieße** es. (etwa 1 ½ Minuten)

Anker setzen:
Und nun verabrede mit Dir selbst ein **Zeichen**, damit sich über dieses Signal auch **Dein Körper** an Deinen geheimen, **sicheren Ort erinnern** kann. Suche Dir zum Beispiel eine gut erreichbare **Stelle** an Deinem **Unterarm**. **Kneife** Dich dort deutlich spürbar und **merke** Dir diese Stelle ganz **genau**.
Immer, wenn Du **künftig diese Bewegung** machst, bist Du **in Sekunden** an Deinem **geheimen, sicheren Ort** in Deinem Innern.
Und jetzt **spüre** bitte noch einmal ganz genau, **wie gut es Dir an diesem sicheren Ort geht**.

Rücknahme:

Und nun **komme** bitte **langsam** – in Deinem eigenen Tempo – **zurück** in den Raum, in dem Du auf Deinem **Stuhl** oder **Sessel sitzt**. Nimm die **Geräusche** wahr, **spüre** Deine **Arme** und **Beine**, fühle, wie Dein **Blutdruck steigt**.

Recke und **strecke** Dich, **atme** mehrmals **tief** ein und aus und nun **öffne** Deine **Augen**.

Du bist wieder ganz im **Hier** und **Jetzt**, **fühlst** Dich **gut** und bist **hellwach**.

TIPP:
Der geheime, sichere Ort kann in Ihrer Vorstellung jeder Ort sein, an dem Sie sicher und geborgen fühlen. Lassen Sie Ihrer Phantasie freien Lauf.

16.2 Die Zaubertruhe

> **Vorbereitungen**
> - Ziel: Sorgen, negative Gedanken und Ängste loslassen und verwandeln lassen
> - Dauer: 20 - 25 Minuten
> - Hilfsmittel: angenehme Musik, Naturgeräusche

Setze Dich auf einen Stuhl oder Sessel.

Mache es Dir so bequem wie möglich. Versuche, ganz **entspannt** zu **sitzen**....

Du kannst jetzt die **Augen schließen**. Wenn du das **nicht magst, lass sie** einfach **offen**. Dann ist es am besten, Du **fixierst** einen festen **Punkt**, vielleicht auf dem Teppich vor Dir.

Zu Beginn lade ich Dich zu einer Achtsamkeitsübung ein:

Bitte finde jetzt eine **angenehme Körperhaltung**. Ich empfehle Dir, dass Du **beide Füße stabil auf den Boden** stellst, damit Du einen guten **Kontakt** zur **Erde** hast.

(etwa 10 Sekunden)

Beide **Arme** und **Hände** ruhen auf den **Oberschenkeln, Du** hast in **jedem Augenblick** die **volle Kontrolle über alles**, was hier geschieht. Damit Du dessen auch ganz **sicher** bist, kannst Du gern einen **Körperteil angespannt lassen**, z. B. zwei **Finger** gegeneinander drücken.

Und jetzt spüre bitte erst einmal, dass Du mit den **Füßen Kontakt** zum **Boden** hast und wo der Kontakt stattfindet. Es geht nicht um richtig oder falsch, sondern nur darum, wahrzunehmen, dass Du Kontakt hast und wo der Kontakt ist.

Als nächstes **nimm wahr**, dass **Du atmest** und dass Dein **Körper** dabei **Bewegungen** macht. Registriere jetzt diese kleinen Bewegungen des Körpers beim Atmen. Spüre, dass sich Dein **Brustkorb** sanft **hebt** und **senkt** und dass sich die **Bauchdecke** sanft **hebt** und **senkt**. Wenn Du sehr genau wahrnimmst, spürst Du auch, dass die **Nasenflügel** ganz **kleine Bewegungen** machen.

Diese Bewegungen des Körpers beim Atmen nimmst Du jetzt einige Augenblicke lang wahr. (etwa 30 Sekunden)

Den geheimen sicheren Ort finden:

Jetzt begebe Dich bitte in **Deinem Inneren** auf eine **angenehme Reise**. Nutze Deine **Vorstellungskraft** und mache Dich auf den **Weg** zu **Deinem geheimen, sicheren Ort**. Es ist ein Ort, an dem Du Dich absolut **sicher** und **wohlfühlen** kannst.

Diesen Ort kannst **nur Du** allein **finden** und **betreten**, kein anderer Mensch kann das.

Allenfalls können noch hilfreiche Wesen dort sein, wenn Du sie herbei bittest.

Lass Dir Zeit und **begebe Dich jetzt** auf die **Suche** nach diesem **Ort**. Sei Dir **sicher**, dass Du ihn **in Dir trägst** und dass Du ihn **findest**. Vielleicht siehst Du jetzt **innere Bilder** oder ein **Film** läuft vor Deinem **inneren Auge** ab, vielleicht **spürst** Du irgendetwas, vielleicht **hörst** Du etwas oder vielleicht **denkst** Du zunächst nur **an** einen **solchen Ort**.

Lass auftauchen, **was** immer **auftaucht** und **nimm es an**.

Sollten bei der Suche nach dem geheimen, sicheren Ort **unangenehme Bilder** oder Gedanken auftauchen - das kann schon mal passieren - dann **lass sie vorüberziehen** wie Wolken am Himmel und **gehe ruhig weiter** auf Deinem **Weg** zu Deinem geheimen, **sicheren Ort**.

Sei gewiss, dass es **diesen Ort für Dich gibt**, wenn Du nur eine Zeit lang geduldig suchst.

Es kann sein, dass dieser Ort ganz in **Deiner Nähe** ist. Vielleicht gibt es in **Deiner Erinnerung** einen solchen Ort, wo Du **schon einmal gewesen** bist. Es **kann** aber auch **sein**, dass er weit entfernt **irgendwo** im **Universum** ist, oder auch gar nicht in der Wirklichkeit. Lass Deiner **Phantasie freien Lauf**.

Mach Dir klar, dass Dir bei der **Suche** und **Ausgestaltung Deines** geheimen, **sicheren Ortes alle** nur denkbaren **Hilfsmittel** zu Verfügung stehen, wie z.B. Fahrzeuge, Werkzeuge, Materialien und selbst **magische Hilfsmittel** wie z.B. ein **Zauberstab** oder **Feenstaub**.

Bitte **prüfe** vor allem sorgfältig, ob Du dort **ganz** und **gar sicher** bist und Dich wirklich **wohlfühlen** kannst.

Schau bitte auch nach, ob Du es dort wirklich **bequem** hast. Es ist sehr **wichtig**, dass Du Dich **vollkommen geborgen** und sicher fühlst. Richte Dir Deinen geheimen, sicheren Ort bitte so ein, dass dies möglich ist.

Wenn Du Deinen geheimen, **sicheren Ort erreicht** hast und ihn zu Deinem **völligen Wohlbefinden** und Deiner **Sicherheit gestaltet** hast, dann **spüre** bitte jetzt genau, wie es Deinem **Körper** geht, an diesem schönen, sicheren Ort.

Was **siehst** Du? Welchen **Duft** nimmst Du wahr? Was **schmeckst** Du? Was **spürst** Du auf der **Haut**? Wie geht es Deinen **Muskeln**? Wie ist Deine **Atmung**? Wie geht es Deinem **Bauch**?

Nimm das bitte **ganz genau wahr**, damit Du **weißt**, wie es sich **anfühlt**, an diesem geheimen, **sicheren Ort zu sein**.

Nun **bleibe** eine Weile an diesem wunderbaren, geheimen und sicheren Ort und **genieße** es. (etwa 1 ½ Minuten)

Die Zaubertruhe vorstellen:

Jetzt stelle Dir bitte an Deinem **geheimen, sicheren Ort** einen **Aufbewahrungsort** für **unangenehme** oder **gefährliche Erinnerungen**, **Bilder** oder **Empfindungen** vor. Das kann ein Behältnis ganz unterschiedlicher Art sein, zum Beispiel eine **Kiste**, eine **Truhe**, eine **Kammer**, ein Verlies **oder** was immer **Dir** dazu **einfällt**.

Lass uns der Einfachheit halber den Aufbewahrungsort **Deine Zaubertruhe** nennen.

Lass Dir **Zeit**, eine solche **fest verschließbare** und **nur von Dir selbst zu öffnende Zaubertruhe** zu finden und sie Dir **genau vorzustellen**.

Mach Dir ein **Bild** von ihrer **Größe**, ihrer **Form**, dem **Material**, aus der sie besteht, der **Farbe** und dem **Standort** an Deinem geheimen, **sicheren Ort**.

Und bitte stell Dir jetzt den **Öffnungs-** und **Verschlussmechanismus** genau vor, dessen **Technik nur Du allein kennst**. Ist es ein besonderer **Schlüssel**, eine **Zahlenkombination**, eine magische **Formel** oder vielleicht ein **Zauberstab**, mit dem Du Deine Zaubertruhe öffnen und schließen kannst?

Wenn Du eine **genaue Vorstellung** von **Deiner Zaubertruhe** und ihrer sicheren Verschließbarkeit hast, **erprobe** ein paar Mal das **Öffnen** und **Schließen**.

Und dann nimm einen **neutralen Gegenstand**, zum Beispiel einen Textmarker. Nimm den Textmarker in die Hand und **lege ihn in Deine Zaubertruhe**. **Siehst** Du, wie er dort auf dem **Boden** der Zaubertruhe **liegt**?

Nun nimm **alle Sorgen**, **Probleme** und **unangenehmen Gedanken** und **Gefühle**, die Du zurzeit hast und **lege** Sie **in Deine Zaubertruhe**. Nimm Dir **Zeit** und packe sie **nacheinander** hinein. **Siehst** Du, wie sie dort **auf dem Boden** der Zaubertruhe liegen?

Anschließend **schließe** den **Deckel** der Zaubertruhe und zuletzt **verriegelst** Du den **Schließmechanismus**.
Prüfe bitte noch einmal, ob der **Deckel sicher verschlossen** ist.

Nun **sei sicher**, dass **alle** Deine **Gedanken**, **Gefühle**, **Erinnerungen** und **Bilder**, die Du **in** Deiner **Zaubertruhe deponiert** hast und **fest verschlossen** aufbewahrst, dort **ruhen** und sich **verändern** können.

Sei gewiss, dass die **Veränderung stattfindet** und wenn Du das **nächste Mal** an Deinem geheimen, sicheren Ort bist und die **Zaubertruhe öffnest** und **hineinschaust**, wird sich darin wie durch ein **Wunder** eine **Idee**, der **nächste Schritt** oder eine **Lösung** befinden.

Anker setzen:
Und nun verabrede mit Dir selbst ein **Zeichen**, damit sich über dieses Signal auch **Dein Körper** an Deinen geheimen, **sicheren Ort erinnern** kann. Suche Dir zum Beispiel eine gut erreichbare **Stelle** an Deinem **Unterarm**. **Kneife** Dich dort deutlich spürbar und **merke** Dir diese Stelle ganz **genau**.
Immer, wenn Du **künftig diese Bewegung** machst, bist Du **in Sekunden** an **Deinem geheimen**, **sicheren Ort** in Deinem Innern und **siehst** die **Zaubertruhe**, in der Du alle Deine Sorgen und Ängste gelassen hast. Du **fühlst** die **Gewissheit**, dass sich alles **zum Guten wandelt**.
Und jetzt **spüre** bitte noch einmal ganz genau, **wie gut es Dir an diesem sicheren Ort geht** und wie **erleichternd** das **Loslassen** ist.

Rücknahme:
Und jetzt trete bitte einen Schritt von Deiner Zaubertruhe zurück und verlasse Deinen geheimen, sicheren Ort.
Nun **komme** bitte **langsam** – in Deinem eigenen Tempo – **zurück** in den Raum, in dem Du auf Deinem **Stuhl** oder **Sessel sitzt**. Nimm die **Geräusche** wahr, **spüre** Deine **Arme** und **Beine**, fühle, wie Dein **Blutdruck steigt**.
Recke und **strecke** Dich, **atme** mehrmals **tief** ein und aus und nun **öffne** Deine **Augen**.
Du bist wieder ganz im **Hier** und **Jetzt**, **fühlst** Dich **gut** und bist **hellwach**.

> **!** **TIPP:**
> Veränderung findet im Leben immer statt – ob Sie bewusst Einfluss darauf nehmen oder nicht. Lassen Sie Ihre Sorgen und Ängste in der Zaubertruhe ruhen und warten Sie ab. Vertrauen Sie darauf, dass die Lösung wie durch ein Wunder von alleine auf Sie zukommt.

16.3 Dem weisen Schamanen begegnen

Vorbereitungen
- Ziel: Den inneren sicheren Ort aufsuchen und Kontakt zu einer inneren, weisen Instanz aufnehmen
- Dauer: 20 - 25 Minuten
- Hilfsmittel: angenehme Musik, Naturgeräusche

Setze Dich auf einen Stuhl oder Sessel.

Mache es Dir so bequem wie möglich. Versuche, ganz **entspannt** zu **sitzen**....

Du kannst jetzt die **Augen schließen**. Wenn du das **nicht magst, lass sie** einfach **offen**. Dann ist es am besten, Du **fixierst** einen festen **Punkt**, vielleicht auf dem Teppich vor Dir.

Zu Beginn lade ich Dich zu einer Achtsamkeitsübung ein:

Bitte finde jetzt eine **angenehme Körperhaltung**. Ich empfehle Dir, dass Du **beide Füße stabil auf den Boden** stellst, damit Du einen guten **Kontakt** zur **Erde** hast.

(etwa 10 Sekunden)

Beide **Arme** und **Hände** ruhen auf den **Oberschenkeln, Du** hast in **jedem Augenblick** die **volle Kontrolle über alles**, was hier geschieht. Damit Du dessen auch ganz **sicher** bist, kannst Du gern einen **Körperteil angespannt lassen**, z. B. zwei **Finger** gegeneinander drücken.

Und jetzt spüre bitte erst einmal, dass Du mit den **Füßen Kontakt** zum **Boden** hast und wo der Kontakt stattfindet. Es geht nicht um richtig oder falsch, sondern nur darum, wahrzunehmen, dass Du Kontakt hast und wo der Kontakt ist.

Als nächstes **nimm wahr**, dass **Du atmest** und dass Dein **Körper** dabei **Bewegungen** macht. Registriere jetzt diese kleinen Bewegungen des Körpers beim Atmen. Spüre, dass sich Dein **Brustkorb** sanft **hebt** und **senkt** und dass sich die **Bauchdecke** sanft **hebt** und **senkt**. Wenn Du sehr genau wahrnimmst, spürst Du auch, dass die **Nasenflügel** ganz **kleine Bewegungen** machen.

Diese Bewegungen des Körpers beim Atmen nimmst Du jetzt einige Augenblicke lang wahr. (etwa 30 Sekunden)

Den geheimen sicheren Ort finden:

Jetzt begebe Dich bitte in **Deinem Inneren** auf eine **angenehme Reise**. Nutze Deine **Vorstellungskraft** und mache Dich auf den **Weg** zu **Deinem geheimen, sicheren Ort**. Es ist ein Ort, an dem Du Dich absolut **sicher** und **wohlfühlen** kannst.

Diesen Ort kannst **nur Du** allein **finden** und **betreten**, kein anderer Mensch kann das.

Allenfalls können noch hilfreiche Wesen dort sein, wenn Du sie herbei bittest.

Lass Dir Zeit und **begebe Dich jetzt** auf die **Suche** nach diesem Ort. Sei Dir **sicher**, dass Du ihn **in Dir trägst** und dass Du ihn **findest**. Vielleicht siehst Du jetzt **innere Bilder** oder ein **Film** läuft vor Deinem **inneren Auge** ab, vielleicht **spürst** Du irgendetwas, vielleicht **hörst** Du etwas oder vielleicht **denkst** Du zunächst nur **an einen solchen Ort**.

Lass auftauchen, **was** immer **auftaucht** und **nimm es an**.

Sollten bei der Suche nach dem geheimen, sicheren Ort **unangenehme Bilder** oder Gedanken auftauchen - das kann schon mal passieren - dann **lass sie vorüberziehen** wie Wolken am Himmel und **gehe ruhig weiter** auf Deinem **Weg** zu Deinem geheimen, **sicheren Ort**.

Sei gewiss, dass es **diesen Ort für Dich gibt**, wenn Du nur eine Zeit lang geduldig suchst.

Es kann sein, dass dieser Ort ganz in **Deiner Nähe** ist. Vielleicht gibt es in **Deiner Erinnerung** einen solchen Ort, wo Du **schon einmal gewesen** bist. Es **kann** aber auch **sein**, dass er weit entfernt **irgendwo** im **Universum** ist, oder auch gar nicht in der Wirklichkeit. Lass Deiner **Phantasie freien Lauf**.

Mach Dir klar, dass Dir bei der **Suche** und **Ausgestaltung Deines** geheimen, **sicheren Ortes alle** nur denkbaren **Hilfsmittel** zu Verfügung stehen, wie z.B. Fahrzeuge, Werkzeuge, Materialien und selbst **magische Hilfsmittel** wie z.B. ein **Zauberstab** oder **Feenstaub**.

Bitte **prüfe** vor allem sorgfältig, ob Du dort **ganz** und **gar sicher** bist und Dich wirklich **wohlfühlen** kannst.

Schau bitte auch nach, ob Du es dort wirklich **bequem** hast. Es ist sehr **wichtig**, dass Du Dich **vollkommen geborgen** und sicher fühlst. Richte Dir Deinen geheimen, sicheren Ort bitte so ein, dass dies möglich ist.

Wenn Du Deinen geheimen, **sicheren Ort erreicht** hast und ihn zu Deinem **völligen Wohlbefinden** und Deiner **Sicherheit gestaltet** hast, dann **spüre** bitte jetzt genau, wie es Deinem **Körper** geht, an diesem schönen, sicheren Ort.

Was **siehst** Du? Welchen **Duft** nimmst Du wahr? Was **schmeckst** Du? Was **spürst** Du auf der **Haut**? Wie geht es Deinen **Muskeln**? Wie ist Deine **Atmung**? Wie geht es Deinem **Bauch**?

Nimm das bitte **ganz genau wahr**, damit Du **weißt**, wie es sich **anfühlt**, an diesem geheimen, **sicheren Ort zu sein**.

Nun **bleibe** eine Weile an diesem wunderbaren, geheimen und sicheren Ort und **genieße** es. (etwa 1 ½ Minuten)

Dem weisen Schamanen begegnen:

Und nun **schaue** Dich um. Vielleicht siehst Du ein **hilfreiches Wesen**, das Dir mit **Rat** und **Hilfe** zur Seite steht. Das kann ein **Mensch** sein oder ein Wesen in Gestalt einer **Fee** oder eines **Zauberers**, oder vielleicht ein **Kobold**… Es kann auch ein **Tier** oder eine **Phantasiegestalt** sein. Lass Dir **Zeit** bis Du Dir **Deinen weisen Schamanen genau vorstellen kannst**. Sei **sicher**, dass Du ihm **vertrauen** kannst.

Wenn Du ihn **gefunden** hast, dann sorge dafür, dass Du Dich mit ihm **wohlfühlst** und **einige Zeit verbringen** kannst.

Vielleicht hast Du **Fragen** an ihn?
Oder brauchst seinen **Rat**?

Vielleicht magst Du ihm **Tee anbieten** und **unterhältst Dich** eine Weile mit ihm? Möglicherweise hat er ein besonderes **Geschenk** für Dich, vielleicht ein **heilsames Elixier**?

Verweile noch ein wenig und lass Dir von **Deinem weisen Schamanen** heilsame Energie geben. Allein seine **Anwesenheit** gibt Dir **Kraft** und **Heilung**.

(etwa 1 ½ Minuten)

Anker setzen:

Und nun verabrede mit Dir selbst ein **Zeichen**, damit sich über dieses Signal auch **Dein Körper** an Deinen geheimen, **sicheren Ort erinnern** und die **heilsame Kraft** des **weisen Schamanen** erinnern kann. Suche Dir zum Beispiel eine gut erreichbare **Stelle** an Deinem **Unterarm**. **Kneife** Dich dort deutlich spürbar und **merke** Dir diese Stelle ganz **genau**.

Immer, wenn Du **künftig** diese **Bewegung** machst, steht Dir in Deinem Innern **sofort Dein weiser Schamane** an Deinem geheimen, **sicheren Ort zur Seite.**

Und jetzt **spüre** bitte noch einmal ganz genau, wie **gut es Dir** an diesem sicheren Ort in Gegenwart **Deines weisen Schamanen geht.**

Rücknahme:

Und nun **verabschiede Dich** von Deinem weisen **Schamanen. Danke** ihm für seine Gegenwart und **heilsame Energie.**

Nun **komme** bitte **langsam** – in Deinem eigenen Tempo – **zurück** in den Raum, in dem Du auf Deinem **Stuhl** oder **Sessel sitzt**. Nimm die **Geräusche** wahr, **spüre** Deine **Arme** und **Beine**, fühle, wie Dein **Blutdruck steigt**.

Recke und **strecke** Dich, **atme** mehrmals **tief** ein und aus und nun **öffne** Deine **Augen**.

Du bist wieder ganz im **Hier** und **Jetzt**, **fühlst** Dich **gut** und bist **hellwach**.

> **!**
>
> **TIPP:**
> Der weise Schamane kann in unterschiedlicher Gestalt auftreten, als Mensch oder ein Wesen in Gestalt einer Fee/eines Zauberers. Er kann auch ein Tier oder eine Phantasiegestalt sein. Sie können sicher sein, dass Sie ihm vertrauen können.

17. Alle Tipps im Überblick

17.1 Allgemeine Tipps vor jedem Entspannungstraining

- Planen Sie regelmäßig Zeit für sich zum Üben ein. Handhaben Sie das Entspannungstraining genauso, wie Sie regelmäßig Sport treiben; legen Sie konkrete Termine fest.

- Falls Sie Schwierigkeiten haben, z. B. nach der Arbeit „runter zu kommen", bewegen Sie sich zunächst durch den Raum. Lassen Sie die Erlebnisse des Alltages an Ihnen vorüberziehen (anschauen und gehen lassen). Setzen Sie bewusst einen Fuß nach dem anderen. Spüren Sie in sich hinein: Wie setzen meine Füße auf? Wie fühlt sich mein Körper an? Gähnen Sie und strecken Sie sich, wenn Sie mögen.

- Gewöhnen Sie Ihren Geist und Körper an den Zustand der Entspannung:
  - ✓ Gleiche Zeit(en)
  - ✓ Gleicher Ort
  - ✓ Gleiche Bedingungen (Ruhe, Wärme; ein Ort, wo Sie sich sicher fühlen)
  - ✓ Das gleiche Ruhebild (z.B. Meer, See, Berge, Wiese, Blumen)
  - ✓ Die gleiche Hintergrundmusik (wenn Sie das mögen)
  - ✓ Immer an **derselben Stelle des Körpers** den Anker setzen und auch **genau dort** im Alltag bei Bedarf aktivieren.

- Wenn Sie Ihr bevorzugtes Ruhebild (z.B. Strand, See, Berglandschaft) gefunden haben, könnten Sie es als Hintergrundbild nutzen für Ihren Computer und/oder Ihr Handy (Ruhesignal im Alltag).

- Bitten Sie ggf. Ihre Familienmitglieder um Rücksicht und Unterstützung.

- Gehen Sie fürsorglich und wohlwollend mit sich um – beim Entspannen geht es nicht darum, eine gute Leistung zu erbringen, sondern um das Gegenteil: Zeit für sich zu haben und loszulassen. Achten Sie frühzeitig auf Ihre Bedürfnisse, sodass Sie rechtzeitig für Ausgleich sorgen können.

17.2 Notfall-Tipp

- Falls Sie einmal bemerken sollten, dass Sie sich bei einer Übung nicht wohlfühlen sollten, öffnen Sie Ihre Augen und schauen Sie sich im Raum um; nehmen Sie Ihre Umgebung ganz bewusst wahr. Schauen Sie sich um und atmen Sie ein paarmal tief ein und aus. Dann strecken Sie sich, stehen auf und bewegen sich durch den Raum.

17.3 Kurzentspannung

- Konzentrieren Sie sich während der Kurzentspannung auf die Atmung und denken sie beim Atmen „ich atme ein" und „ich atme aus", falls es beim ersten Mal nicht so recht klappen sollte.

- Eine einfache und sehr wirkungsvolle Autosuggestion, die Sie bei der 3-Minuten-Kurzentspannung anwenden können, lautet: *„Es geht mir mit jedem Tag besser und besser."* Wiederholen Sie diese, solange Sie die Übung durchführen.

- Mit der Kurzentspannung können Sie sich jederzeit eine kurze Auszeit gönnen. Zum Beispiel auf der Arbeit, unterwegs im Zug, im Park oder auch zu Hause – oder wann immer Sie ein paar Minuten Zeit haben.

17.4 Progressive Muskelentspannung (PMR)

- Folgende Vorübung sollten Sie zum Testen vor der ersten PMR durchführen: Eine Hand zur Faust ballen, mit circa 50 % Anspannung, sodass die Spannung in den Muskeln deutlich spürbar ist. Nach 5 Sekunden loslassen und dem Unterschied zwischen Anspannung und Entspannung nachspüren.

- Seien Sie geduldig und nachsichtig mit sich, falls es mal nicht so gut mit dem Entspannungstraining funktionieren sollte. Es geht dabei nicht darum, eine gute Leistung zu erzielen, sondern darum, loszulassen.

- Trainieren Sie PMR mindestens 2 – 3 Mal wöchentlich! Je häufiger Sie trainieren, desto schneller können Sie abschalten.

- Nutzen Sie das Übungsprotokoll für eine Woche oder das Übungstagebuch für acht Wochen im Anhang, um die positiven Veränderungen festzustellen bzw. nachzuhalten.

- Nutzen Sie den „Anker" regelmäßig im Alltag und erneuern Sie ihn bei jedem Training.

- Planen Sie regelmäßig Zeit für das Üben von PMR ein. Je länger Sie PMR trainieren, desto kürzer wird das Training. So können Sie zukünftig kleine Auszeiten in Ihren Familien- und Berufsalltag einbauen.

- Überlegen Sie sich mehrere Orte außerhalb Ihrer Wohnung, wo Sie PMR durchführen können (z.B. an Ihrem Arbeitsplatz, auf dem Weg zur Arbeit mit dem ÖPV).

- Überlegen Sie sich vor der Durchführung des Entspannungstrainings und der Anwendung der Wunderfrage ein konkretes Ziel, das für Sie positiv, attraktiv und realisierbar ist. Je genauer Sie sich das Ziel vorstellen können – als etwas, das Sie erleben (in einem Bild oder Film) -, desto eher verwirklicht es sich.

- Das mentale PMR – die Vergegenwärtigung des Entspannungsgefühls – ist eine hervorragende Vorbereitung für das Autogene Training, da Sie dabei schon gelernt haben, ausschließlich mit Ihrer Vorstellungskraft und den Ihren inneren „Anweisungen" den entspannten Zustand zu erzeugen.

17.5 Achtsamkeitstraining

- Beim Genusstraining können Sie Lebensmittel experimentieren, die unterschiedliche Oberflächen und Aromen haben. Das macht Fühlen und Ertasten noch spannender. Zum Beispiel macht es besonderen Spaß ein Stück Schokolade mit Nüssen im Mund zergehen zu lassen bis nur noch die Nuss übrig ist. Dann können Sie deren Oberfläche und Geschmack wahrnehmen. Das geht auch gut mit den neuen Schokoladen mit Gewürzen, wie z.B. Chili.

- Falls Ihnen bei der 3-2-1-Übung das dreimalige Wiederholen nicht ausreichen sollte, können Sie das Sehen, Hören, Tasten fünf Mal wiederholen (= 5-4-3-2-1-Übung). Diese Achtsamkeitsübung können Sie auch gut während eines Spazierganges im Park oder Wald durchführen. Beginnen Sie immer mit dem Sehen!

17.6 Autogenes Training (AT)

- Falls Sie mal wenig Zeit haben sollten, genügt die Körperreise oft schon aus, um einige Minuten runterzufahren und abzuschalten.

- Wenn Sie mit der Schwereübung (AT 1) beginnen, kann es sein, das es beim ersten Mal nicht so recht funktioniert. Falls das der Fall sein sollte, haben Sie Geduld und üben Sie weiter. Ihr Geist und Ihr Körper werden sich an Ihre „Anweisungen" gewöhnen.

- Falls Gedanken aus dem Alltag auftauchen sollten, schauen Sie sie an und lassen Sie sie vorüberziehen wie Wolken am Himmel.

- Üben Sie mindestens 2 – 3 Mal pro Woche.

- Gönnen Sie sich Ruhe und Zeit beim Erlernen des Autogenen Trainings. Wie Sie vielleicht schon bemerkt haben, verkürzt sich das Training mit jeder Erweiterung.

- Nutzen Sie zur Überprüfung Ihres Lernerfolges das Übungsprotokoll für eine Woche oder das Übungstagebuch für acht Wochen im Anhang.

- Erneuern Sie den „Anker" in jedem Autogenen Training.

- Die Autosuggestion für die Atmung können Sie auch umformulieren in „Die Atmung ist tief und gleichmäßig". Machen Sie es so, wie es Ihnen am besten gefällt.

- Nutzen Sie den „Anker" im Alltag, insbesondere in Stresssituationen, um den Entspannungszustand auszulösen.

- Bei der Herzübung ist die Konzentration auf den Herzschlag am Anfang vielleicht etwas ungewohnt oder sogar unangenehm. Vertrauen Sie auf die Autosuggestion: Ihr Herz wird mit jedem Satz ruhiger und gleichmäßiger schlagen.

- Um die Autosuggestion „Das Sonnengeflecht ist strömend warm" zu unterstützen können Sie eine Hand auf Ihren Oberbauch leben.

- Zur Unterstützung der Stirnkühle-Übung könnten Sie sich vorstellen, wie Sie im Sommer im Park auf einer Bank sitzen und eine kühle Brise über Ihre Stirn weht.

- Falls Sie (noch) Schwierigkeiten mit der Kurzform des AT haben sollten, können Sie zunächst jede Ruheformel (Autosuggestion) 3 X innerlich zu sich sagen.

- Überlegen Sie sich vor der Durchführung des Entspannungstrainings und der Anwendung der Wunderfrage ein konkretes Ziel, das positiv, attraktiv und realisierbar ist. Je genauer Sie sich das Ziel vorstellen können – als etwas, das Sie bereits erleben (in einem Bild oder Film) -, desto eher verwirklicht es sich.

- Das Autogene Training ist eine hervorragende Vorbereitung auf die Durchführung einer Selbsthypnose, da Sie dabei schon gelernt haben, zur Ruhe zu kommen und sich selbst in einem tief entspannten Zustand Autosuggestionen zu geben.

17.7 Stabilisierung und Phantasiereisen

- Falls es Ihnen unangenehm ist, die Augen zu schließen, lassen Sie sie offen und fixieren Sie einen Punkt vor sich. Das kann das Schauen auf einen Gegenstand sein, zum Beispiel eine Kerze oder eine Figur. Wichtig ist, dass Sie ruhig sitzen und den Fokus auf den Punkt vor Ihnen lassen. Sie können zusätzlich währen den Übungen einen Körperteil angespannt lassen (z.B. eine Faust machen), wenn Sie sich damit wohler fühlen.

- Veränderung findet im Leben immer statt – ob Sie bewusst Einfluss darauf nehmen oder nicht. Lassen Sie Ihre Sorgen und Ängste in der Zaubertruhe ruhen und warten Sie ab. Vertrauen Sie darauf, dass die Lösung wie durch ein Wunder von alleine auf Sie zukommt.

- Der weise Schamane ist ein innerer Ratgeber. Er kann in unterschiedlicher Gestalt auftreten, als Mensch oder ein Wesen in Gestalt einer Fee/eines Zauberers. Er kann auch ein Tier oder eine Phantasiegestalt sein. Sie können sicher sein, dass Sie ihm vertrauen können.

## 18.	Ein Geschenk zum Abschluss

Da ich davon überzeugt bin, dass kurze Entspannungssequenzen in den Alltag integriert werden können und jederzeit und an jedem Ort verfügbar sein sollten, gibt es zu jedem in diesem Buch vorgestellten Entspannungsverfahren und den Phantasiereisen Audiodateien.
Sie stehen <u>kostenlos</u> zum direkten Abspielen auf meiner Website

www.relax-on-demand.de

zur Verfügung. Die Audiodateien sind für PC, Tablet und Handy (Android, Apple) geeignet.

Klicken Sie einfach auf der Website auf das jeweilige **Bild**, das der Entspannung oder den Phantasiereisen zugeordnet ist und geben Sie das folgende **Passwort** ein:

BALANCE

Ich wünsche Ihnen die Ausgeglichenheit und Stabilität, die Sie sich immer gewünscht haben.

jederzeit – an jedem Ort – in jeder Situation

Herzlichst
Ihre Martina Malsbender

19. Anhang

Fragebogen Entspannungstyp

	JA	weiß ich nicht	NEIN
Sind Sie gerne allein?	( )	( )	( )
Ziehen Sie sich gerne in ein Zimmer zurück, um Ruhe für Ihre Arbeit zu haben?	( )	( )	( )
Können Sie gut über einen längeren Zeitraum still sitzen?	( )	( )	( )
Machen viele Menschen Sie nervös oder lenken Sie ab?	( )	( )	( )
Verabreden Sie sich lieber mit einer Freundin/einem Freund als mit einer Gruppe?	( )	( )	( )
Mögen Sie lieber Pastellfarben?	( )	( )	( )
Tragen Sie lieber Kleidung in gedeckten Farben oder kombinieren Sie gerne Ton in Ton?	( )	( )	( )
Träumen Sie gelegentlich bei guter Musik?	( )	( )	( )
Schauen Sie gerne aus dem Fenster und beobachten zum Beispiel Vögel?	( )	( )	( )
Lesen Sie gerne stundenlang ein gutes Buch?	( )	( )	( )
Mögen Sie keine knallbunten oder grellen Farben?	( )	( )	( )
Viele Menschen lenken Sie, zum Beispiel von Ihrer Tätigkeit ab?	( )	( )	( )
Machen Sie gerne allein einen Spaziergang?	( )	( )	( )
Auf laute Partys gehen Sie eher nicht?	( )	( )	( )
Ergebnis:	**( )**	**( )**	**( )**

Wenn Sie den überwiegenden Teil der Fragen mit „JA" beantwortet haben, eignet sich das Autogene Training bestens für Sie.

Wenn Sie den überwiegenden Teil der Fragen mit „NEIN" beantwortet haben, eignet sich die Progressive Muskelentspannung eher für Sie.

Sind Sie überwiegend bei „weiß ich nicht" geblieben, empfehle ich zunächst die Progressive Muskelentspannung oder Sie probieren jeweils die erste Übung beider Verfahren einfach aus.

Stresstest: Spannungsfragebogen nach Helmut Brenner

Welche Ausprägung trifft am ehesten auf Sie zu?

		Häufig / stark	Selten / manchmal	Nie / niemals
1.	Reizbarkeit	2	1	0
2.	Nervosität	2	1	0
3.	Einschlafschwierigkeiten	2	1	0
4.	Durchschlafprobleme	2	1	0
5.	Abgespanntheit	2	1	0
6.	Muskelverspannungen	2	1	0
7.	Kalte Hände/Füße	2	1	0
8.	Innere Unruhe	2	1	0
9.	Aufsteigende Hitze	2	1	0
10.	Schweißausbrüche	2	1	0
11.	Schwindelgefühle	2	1	0
12.	Zittern	2	1	0
13.	Kopfschmerzen	2	1	0
14.	Migräne	2	1	0
15.	Mattigkeit/Schwächegefühl	2	1	0
16.	Konzentrationsschwierigkeiten	2	1	0
17.	Beklemmungsgefühle	2	1	0
18.	Berufliche Sorgen	2	1	0
19.	Private Sorgen/Konflikte	2	1	0
20.	Angstgefühle	2	2	0
21.	Schwere Träume	2	1	0
22.	Krampfhaftes Weinen	2	2	0
23.	Kloß-Würgegefühl im Hals	2	2	0
24.	Herzschmerzen	2	1	0
25.	Herzjagen, Herzstolpern	2	2	0
26.	Kreislaufbeschwerden	2	1	0
27.	Magenbeschwerden	2	2	0
28.	Verdauungsbeschwerden	2	1	0
29.	Atembeschwerden	2	1	0
30.	Grübeln	2	1	0
	Summe:			

31. Wie verhalten Sie sich in Konfliktsituationen im Betrieb?
Beurteilen Sie Ihr Verhalten nach folgendem Schema:

a) besonnen/überlegte Reaktion   0 Punkte
b) erregte/hektische Reaktion   2 Punkte
c) sich zurückziehende/aufstauende Reaktion   4 Punkte

32. Wie verhalten Sie sich in Konfliktsituationen zu Hause?
Beurteilen Sie Ihr Verhalten nach folgendem Schema:

a) besonnen/überlegte Reaktion   0 Punkte
b) erregte/hektische Reaktion   2 Punkte
c) sich zurückziehende/aufstauende Reaktion   4 Punkte

33. Welche Probleme belasten Sie zurzeit und wie hoch ist die Belastungsstärke?

Beurteilen Sie Ihre Probleme nach Belastungsstärke mit 1-3 Punkten:

	Etwas belastend	Belastend	Stark belastend
Berufliche Probleme	1	2	3
Private/familiäre Probleme	1	2	3
Finanzielle Probleme/Wohnsituation	1	2	3

Auswertung und Einschätzung Ihrer momentanen Belastungssituation

Addieren Sie die angekreuzten Zahlen (1. – 33.) zu einer Summe _____ **Punkte**

0 – 14 Punkte

Sie können sich über Ihre relativ gute psychovegetative Stabilität freuen. Das Progressive Muskelentspannungstraining/Autogene Training wird bei Ihnen vor allem vorbeugende und gesundheitsstabilisierende Wirkungen haben. Konsequente Einübung und regelmäßiges Training ist allerdings Voraussetzung.

15 – 29 Punkte

Die Kettenreaktion der sich verstärkenden psychovegetativen bzw. psychosomatischen Störungen findet bei Ihnen bereits statt. Sie sollten möglichst bald mit dem Entspannungstraining beginnen. Nach 4 bis 8 Wochen konsequenten Trainings, verbunden mit gezielter Problembearbeitung (psychologische Beratungsgespräche/Coaching), können Sie eine wesentliche Besserung und Beseitigung der Beschwerden erreichen.

30 und mehr Punkte

Sie stecken bereits tief im Kreisprozess der Verspannung und emotionalen Belastung. Beachten Sie aufmerksam, welche Quellen Sie belasten, ziehen Sie die notwendigen Konsequenzen für die Problem- und Konfliktbearbeitung und setzen Sie diese in die Tat um. Führen Sie zusätzlich konsequent ein Entspannungstraining durch, um Ausgleich und neue Reserven zu schaffen. Auch Sie können eine Linderung bzw. Beseitigung von Beschwerden erreichen. Dies kann allerdings länger dauern und benötigt eine gezielte Problembearbeitung (psychologische Beratungsgespräche/Coaching).

Nacherhebungsbogen nach Helmut Brenner

Trainingsbeginn – Datum: _____

Nacherhebung direkt nach dem Training: Datum: _____

Nacherhebung nach 6 Monaten: Datum: _____

Nacherhebung nach 1 Jahr: Datum: _____

Seit wann üben Sie die PMR/AT?   Seit _____ Wochen/Monaten

Sind Ihre Erwartungen erfüllt worden?   Ja (___); zum Teil (___); Nein (___)

Wie oft haben Sie geübt?   regelmäßig ( );   anfangs regelmäßig ( );

jetzt unregelmäßig ( );   unregelmäßig ( );

selten ( );   gar nicht ( ).

Benutzen Sie eine Tonanleitung?   Ja ( ); Nein ( ); Wie oft? ..... x wöchentlich

Können Sie das Gelernte in Belastungssituationen anwenden?

Ja ( ); zum Teil ( ); Nein ( )

Womit kommen Sie beim Trainieren noch nicht zurecht?

....

....

Bemerken Sie während der Übungen eine	meistens	manchmal	nein
Schwereempfindung	( )	( )	( )
Wärmeempfindung	( )	( )	( )
Kribbeln oder Prickeln	( )	( )	( )
Müdigkeit	( )	( )	( )
Gelöstheit	( )	( )	( )
Anderes	( )	( )	( )

Haben sich Ihre Leiden/Beschwerden seit Trainingsbeginn verändert?

Füllen Sie zur differenzierten Nacherhebung den Spannungsfragebogen (Stresstest) noch einmal aus und vergleichen Sie die Ergebnisse mit den erzielten Ergebnissen aus der ersten Erhebung. Auf diese Weise können Sie Ihre Fortschritte messen und nachhalten.

Übungsprotokoll für 1 Woche

Datum	Übung	Mein Bild -Anker gesetzt?-	Erlebnisse, Empfindungen, Irritationen	Was ändern? Was verbessern?
1				
2				
3				
4				
5				
6				
7				

Ich empfehle 2-3x wöchentliches Üben.

Notieren Sie kurz den Übungserfolg und geben Sie auch eventuelle Schwierigkeiten an.
Formulieren Sie gegebenenfalls selbst Änderungswünsche und Verbesserungsvorschläge für Ihre kommende Trainingswoche.

Viel Spaß beim Üben!

Übungstagebuch für 8 Wochen

Woche	Tageszeit	Mo	Di	Mi	Do	Fr	Sa	So	Übung	Mein Bild -Anker gesetzt?-	Erlebnisse, Empfindungen, Irritationen
1	Morgens										
	mittags										
	abends										
2	morgens										
	mittags										
	abends										
3	morgens										
	mittags										
	abends										
4	morgens										
	mittags										
	abends										
5	morgens										
	mittags										
	abends										
6	morgens										
	mittags										
	abends										
7	morgens										
	mittags										
	abends										
8	morgens										
	mittags										
	abends										

Eigene Verbesserungsvorschläge:

Bitte machen Sie ein Kreuz, wenn Sie geübt haben.

Das Übungstagebuch eignet sich gut für das tägliche Üben. Dabei reichen schon wenige Minuten je Übungssequenz!

Notieren Sie kurz den Übungserfolg und geben Sie auch eventuelle Schwierigkeiten an.
Formulieren Sie gegebenenfalls selbst Änderungswünsche und Verbesserungsvorschläge für Ihre kommende Trainingswoche.

Viel Spaß beim Üben!

20. Literatur

Bandler, Richard: *Veränderung des subjektiven Erlebens.* Junfermann (1987)

Brenner, Helmut: *Autogenes Training. Der Weg zur inneren Ruhe.* Pabst Publishers (2002)

De Shazer, Steve: *Mehr als ein Wunder: Die Kunst der lösungsorientierten Kurzzeittherapie.* Carl-Auer (2016)

Huppertz, Michael: *Achtsamkeitsübungen.* Junfermann (2015)

Kaluza, Gert: *Gelassen und sicher im Stress.* Springer (2015)

Knecht, Tobias: *Das transaktionale Stressmodell von Richard Lazarus.* GRIN (2012)

Reddemann, Luise: *Imagination als heilsame Kraft.* Klett-Cotta (2017)